대충이
이긴다

대충이 이긴다
정신과 의사가 처방하는 완벽주의 해독제

초 판 1쇄 2025년 10월 28일
초 판 2쇄 2025년 12월 01일

지은이 권영도
펴낸이 류종렬

펴낸곳 미다스북스
본부장 임종익
편집장 이다경, 김가영
디자인 윤가희, 임인영
책임진행 김요섭, 이예나, 안채원, 김은진, 국소리

등록 2001년 3월 21일 제2001-000040호
주소 서울시 마포구 양화로 133 서교타워 711호
전화 02) 322-7802~3
팩스 02) 6007-1845
블로그 http://blog.naver.com/midasbooks
전자주소 midasbooks@hanmail.net
페이스북 https://www.facebook.com/midasbooks425
인스타그램 https://www.instagram.com/midasbooks

ⓒ 권영도, 미다스북스 2025, *Printed in Korea.*

ISBN 979-11-7355-543-5 03190

값 19,500원

※ 파본은 구입하신 서점에서 교환해드립니다.
※ 이 책에 실린 모든 콘텐츠는 미다스북스가 저작권자와의 계약에 따라 발행한 것이므로 인용하시거나 참고하실 경우 반드시 본사의 허락을 받으셔야 합니다.

미다스북스는 다음세대에게 필요한 지혜와 교양을 생각합니다.

대충이 이긴다

Good Enough Wins

정신과 의사가 처방하는 완벽주의 해독제

권영도 지음

미다스북스

프롤로그

'대충'이라는 말은 흔히 게으르고 무책임하다는 뉘앙스로 쓰인다. 누군가 "대충 해."라고 말하면, 성의 없고 아무렇게나 하라는 뜻으로 들린다. 하지만 국어사전은 '대충'을 그렇게 정의하지 않는다. '어림잡아', '충분히는 아니지만 얼추', '자세하지 않고 대강' 뜻을 곱씹어 보면 무책임보다는 합리와 효율에 가깝다. 더 놀라운 건, 이 단어가 한자어가 아닌 순수한 고유어라는 사실이다. 영어로는 roughly(대략), approximately(거의), loosely(느슨하게) 같은 단어로 옮겨지는데, 여기에는 '완벽하지 않아도 충분하다.'는 뉘앙스가 깔려 있다. 결국 대충은 무능의 다른 이름이 아니라, 삶을 지속 가능하게 만드는 태도일지도 모른다.

나는 이 단어의 가치를 매일 목격한다. 진찰실에 찾아오는 사람들은 하나같이 너무 열심히 살았다. 학교에서, 직장에서, 가정에서 누구보다 최선을 다해 왔다. 시험 준비를 위해 밤을 새우고, 실수하지 않으려고 전전긍긍하며, 자식을 위해 자신을 갈아 넣듯 살아왔다. 그런데 그 끝은 늘 같았다. 기쁨이나 성취가 아니라, 번아웃, 우울, 불안이었다. 너무 열심히, 너무 완벽하게 살려다가 삶이 무너진 사람들. 나는 그 얼굴들을 수없이 보았다.

어느 날 한 환자가 내게 물었다. "선생님, 저는 왜 이렇게 힘들까요? 저는 열심히 산 것밖에 없는데요." 그의 눈은 붉게 충혈되었고, 손은 끊임없이 떨렸다. 그는 회사에서 '흠 없는 직원'이 되기 위해 모든 보고서를 밤새 다섯 번, 열 번씩 고쳤다. 그러다 지쳐 쓰러졌고, 결국 내 앞에 앉게 된 것이다. 나는 그에게 말했다. "조금만 대충 해도 괜찮습니다. 오히려 그게 더 잘하는 방법입니다." 처음엔 믿지 못하는 눈빛이었지만, 몇 달 뒤 그는 달라졌다. "이제는 보고서를 세 번만 고치고 제출합니다. 그런데도 아무도 뭐라고 안 하네요." 그의 얼굴에는 오랜만에 안도와 미소가 묻어 있었다.

우리 사회는 언제부터인가 완벽을 미덕처럼 내세웠다. 학교에서는 아이들에게 팔방미인이 되라고 요구한다. 직장에서는 모든 일을 완벽하게 처리하라고 다그친다. 부모는 아이가 흠 없이 자라야 한다고 믿는다. 하지만 완벽을 좇을수록 삶은 무거워지고, 행복은 멀어진다. 모든 걸 잘하려는 순간, 결국 아무것도 제대로 할 수 없게 되는 역설이 우리를 기다린다.

물론 완벽이 필요한 순간도 있다. 그러나 대부분의 일상은 그렇지 않다. 이메일을 쓰는 데 30분이 걸리고, 발표 자료의 글꼴 하나에 매달리는 건 소모적일 뿐이다. 중요한 것과 그렇지 않은 것을 가려내는 것, 바로 그것이 지혜다.

나는 '대충'이라는 말을 게으름이 아니라 지혜의 다른 이름으로 다시 세우고 싶다. 진짜 중요한 것에 에너지를 쓰고, 사소한 것은 대충 흘려보내는 삶. 완벽주의가 강요하는 족쇄를 풀어내는 방법. 나는 독자들이 이 책을 덮는 순간, 이렇게 말했으면 한다. '그래, 이제 조금은 덜 완벽하게 살아도 괜찮구나.' 그 깨달음이 주는 해방감이야말로 우리가 잃어버린 행복의 시작일 것이다.

목차

프롤로그　005

제 1 부
대충 완벽을 다루는 법　완벽주의가 우리를 어떻게 지치게 하는가

1　현대인은 모든 걸 잘해야 한다 ···································· 015
2　완벽주의와 완벽함은 전혀 다르다 ······························ 019
3　성향, 환경 그리고 상처 ·· 022
4　나는 완벽주의자인가 ·· 026
5　계획형 인간이 빠지는 함정 ·· 029
6　지친 뇌가 보내는 신호 ·· 033
7　온전한 옥의 아이러니 ·· 038
8　요령과 효율이 답이다 ·· 042

제 2 부
대충 효율로 사는 법　100%가 아니라 80%면 충분하다

1　맥도날드가 성공한 비밀 ·· 049
2　80%면 충분한 효율의 비밀 ·· 054
3　전략적으로 대충 하자 ·· 058
4　그까이꺼 그냥 대충 하면 된다 ···································· 062
5　장인 정신의 함정 ·· 066
6　발표를 잘 하는 법 ·· 071
7　'에라 모르겠다'의 힘 ·· 076

제3부
대충 선택하고 포기하는 법 효율은 선택의 질에서 나온다

1. 집중보다는 선택이 중요하다 ················· 083
2. 포기를 잘하는 것도 능력이다 ················ 086
3. 누구에게나 그럴싸한 계획은 있다 ············· 090
4. 다 혼자 할 필요는 없다 ··················· 095
5. 게으르게 사는 법 ······················· 099
6. 멍청하고 부지런한 리더는 제거하라 ············ 103

제4부
대충 사람을 사귀는 법 완벽한 인간관계는 없다

1. 인싸의 조건은 여유다 ···················· 111
2. 진정한 친구는 없다 ····················· 116
3. 사실, 남들은 나한테 관심 없다 ··············· 121
4. 인정 중독 ···························· 127
5. 인간관계도 정리가 필요하다 ················ 131
6. 오래가는 관계는 따로 있다 ················· 135

제5부
대충 건강하게 오래 사는 법 건강에 대한 집착이 건강을 망친다

1. 만병의 근원, 스트레스 ···················· 141
2. 올바른 스트레스 관리법 ··················· 147
3. 마음도 상처를 받는다 ···················· 151

4	스트레스를 이용하자	155
5	대충 살아야 건강하다	159
6	아는 것이 병이다	164
7	누구나 결국 죽는다	168

제6부
대충 훌륭하게 키우는 법 완벽하게 키우려다가 완벽하게 망한다

1	보조바퀴는 언젠가 떼야 한다	175
2	자식에게 몰빵하면 안 된다	179
3	탕수육보다는 짜장면을 먹고 싶은 아이	183
4	될 놈은 되고 안 될놈은 안된다	187
5	독립을 원치 않는 부모	190
6	중요한 건 스스로 결정해야 한다	194
7	부모가 행복해야 자식도 행복하다	198
8	효자는 타고난다	202

제7부
대충 공부해서 성공하는 법 100점을 목표로 하면 50점 맞는다

1	열심히만 해선 안 된다	209
2	의대생의 특별한 학습법	213
3	잘 제끼는 놈이 성적이 좋다	217
4	제갈공명의 공부법	221
5	족보가 중요한 이유	225
6	마음의 병이 공부를 막을 때	229

제8부

대충 살며 행복해지는 법   집착을 내려놓아야 편안해진다

1 기쁨에도 내성이 있다 ······················· 237
2 남의 좌표에 인생을 맞추지 마라 ············· 242
3 행복에도 조건이 있다 ······················· 247
4 운이 70%, 준비가 30% ····················· 253
5 배고픔은 참아도 배 아픔은 못 참는다 ········ 258
6 행복의 절반은 유전, 절반은 선택 ············ 262

제9부

대충 완벽해지는 법   완벽주의를 벗어나야 완벽해질 수 있다

1 '대충 하자'의 진짜 의미 ····················· 269
2 완벽주의를 다루는 기술 ····················· 273
3 생각을 바꿔 보자 ···························· 277
4 덜 완벽하게 행동하는 훈련 ·················· 282
5 미켈란젤로의 책임감 ························ 287
6 때로는 완벽, 때로는 대충 ···················· 292
7 완벽주의와 함께 살아가기 ··················· 296

에필로그 300

Good Enough Wins

제1부

대충 완벽을
다루는 법

Good Enough Wins

완벽주의가
우리를 어떻게 지치게 하는가

대충 먼저 보고 가자

1. 현대사회는 학생, 직장인, 부모 모두에게 완벽을 강요하며, 이는 번아웃과 불안을 초래한다.

2. 완벽주의는 완벽한 결과가 아니라 완벽을 향한 집착이며, 이는 성취와 행복을 오히려 방해한다.

3. 완벽주의는 유전적 기질, 양육 태도, 과거의 상처가 복합적으로 작용해 형성된다.

4. 완벽주의는 자신이 스스로 인식하지 못하기 쉽다. 체크리스트를 통해 점검해 보자.

5. MBTI 중 특히 J형은 계획에 집착해 완벽주의에 빠지기 쉬우므로 자신을 이해하고 주의해야 한다.

6. 완벽주의는 뇌의 불안·통제 회로와 연결돼 다양한 정신질환으로 발전할 수 있다.

7. 완벽의 본래 뜻은 '흠 없는 옥'이었으나, 인간에게 강요되는 완벽은 역사적으로도 비극을 낳았다.

8. 진정한 완벽은 절대적 무결점이 아니라, 자신의 능력을 효율적으로 활용하는 '현실적인 완벽'이다.

1

현대인은 모든 걸 잘해야 한다

현대사회는 우리에게 흠 하나 없는 인간으로 살아야 한다고 매일같이 요구한다. 학교에서는 성적은 기본이고, 운동도 잘해야 하며, 친구 관계도 원만해야 한다. 직장에서는 보고서도 완벽해야 하고, 회의에서 센스 있는 농담도 던질 줄 알아야 하며, 외국어 실력까지 있어야 한다. 부모는 직장에서는 일 잘하는 직장인이면서 집에서는 아이와 친구처럼 놀아주고, 상담사처럼 들어주고, 요리사처럼 밥을 차려야 한다. 결국 사회는 우리 모두에게 슈퍼맨과 원더우먼을 동시에 요구한다. 하지만 그런 인간은 존재하지 않는다. 있다면 늘 피곤에 절어 사는 인간뿐이다.

회사의 분위기를 보자. 과거에는 일만 잘하면 된다는 말이 있었다. 지금은 정반대다. 일만 잘하면 '사회성 부족'이라는 꼬리표가 붙는다. 영어를 못하면 글로벌 감각이 없다는 소리를 듣고, PPT 디자인을 못 만들면 촌스럽다고 한다. 결국 직장인은 낮에는 보고서를 쓰고, 저녁에는 영어 학원을 다니고, 주말에는 자격증 시험을 치른다. 회사에서는 '직장인'이라는 이름표를 달고 있지만, 집에 돌아오면 사실상 방전된 배터리다. 요즘 직장인의 가장 큰 기술은 멀티탭처럼 여기저기 꽂혀도 버티는 능력일지 모른다.

  부모는 더 심하다. 예전 부모는 밥 먹이고 학교 보내면 임무 완료였다. 지금 부모는 교사, 코치, 상담사, 친구, 운전기사, 요리사까지 겸한다. 아이가 "난 그냥 게임하고 싶어."라고 말해도, 부모는 "피아노도 하고 수영도 하고, 영어도 해야지."라고 말한다. 그러다 결국 부모도 지치고 아이도 짓눌린다. 「아이가족연구 저널(Journal of Child and Family Studies, 2022)」에 따르면 부모의 번아웃은 아이 때문이 아니라, 부모 스스로 모든 걸 완벽히 해내야 한다는 압박에서 비롯된다고 한다. 쉽게 말해 부모를 쓰러뜨리는 건 아이가 아니라 옆집 엄마의 경쟁심리다.

  학생은 이미 작은 회사 CEO다. 아침엔 수학 CEO, 점심엔 봉사 CEO, 저녁엔 체육 CEO. 자는 시간도 전략적 휴식이라고 포장해야 한다. 대학은 성적만으로 학생을 뽑지 않는다. 봉사활동은 했는지, 리더십은 있는지, 창의력은 보여줬는지 꼼꼼히 따진다. 마치 대학이 학생을 뽑는 게 아니라 종합 패키지를 고르는 듯하다. 실제로 「호주 뉴질랜드 정신의학 저널(Australian and New Zealand Journal of Psychiatry, 2008)」 연구에서는 이렇게 다방면에서 역량을 요구받은 학생들이 불안과 우울을 더 많이 겪는다고 보고했다. 아이들이 힘든 건 수학 문제 때문이 아니라, 완벽 코스프레 때문이다.

연예인, 정치인, 의사도 사정은 다르지 않다. 연예인은 노래만 잘하면 되던 시대가 끝났다. 연기, 예능감, 도덕성, SNS 관리까지 다 챙겨야 한다. 정치인은 정책 지식, 카리스마, 도덕성, 공감 능력, 유머까지 두루 갖춰야 한다. 국민은 거의 철학자와 개그맨을 섞어놓은 듯한 인물을 원한다. 의사도 마찬가지다. 진료만 잘하면 될 것 같지만, 환자와 대화도 잘해야 하고, 최신 의료기술도 익혀야 하며, 언론 인터뷰와 강연까지 매끄럽게 해야 한다. 의사라는 직업 하나를 선택했는데, 덤으로 상담가, 강연가, 행정가가 따라온다. 인생은 원래 번들 세트가 아닌데 사회는 사람을 억지로 번들 세트로 만든다.

이 모든 완벽 요구가 결국 정신 건강을 해치고 만다. 완벽하지 않으면 무가치하다는 생각이 머릿속에 자리 잡으면, 작은 실수조차 대형 참사처럼 느껴진다. 시험에서 99점을 맞아도 만족하지 못하고, 발표 중 말이 꼬였다는 이유로 며칠을 괴로워한다. 현대사회는 끊임없이 이렇게 말한다. '완벽히지 않으면 탈락이다.' 억울하지만 현실은 그렇다. 중요한 건 완벽하지 않으면 완벽한 척이라도 해야 한다는 점이다.

사회가 원한다면 최소한 겉모습만이라도 그렇게 만들어야 한다. 그래야 살아남는다.

2

완벽주의와 완벽함은 전혀 다르다

완벽주의와 완벽함은 비슷한 말 같지만, 사실 전혀 다르다. 진료실에서 내가 "완벽주의적인 성향이 있으시네요."라고 말하면 많은 환자들이 이렇게 말한다. "아니에요, 저는 완벽하지 않아요." 여기에는 커다란 오해가 숨어 있다. 완벽주의를 '완벽하다.'로 착각하는 것이다. '완벽하다.'는 말은 결과가 흠잡을 데 없이 완성된 상태를 뜻한다. 하지만 '완벽주의'는 그 완벽한 결과를 얻기 위해 끝없이 달리고 매달리고 집착하는 태도다. 세상에 완벽한 사람은 없다. 하지만 완벽을 향해 미친 듯이 달리는 사람은 차고 넘친다.

완벽주의자들의 가장 큰 특징은 기준이 너무 높다는 것이다. 그리고 그 기준에 미치지 못하면 스스로를 가차 없이 비난한다. 예를 들어, 한 대학생은 과제를 제출할 때까지 문장 하나, 단어 하나까지 고치고 또 고쳤다. 하지만 기한이 다가와도 아직 부족하다는 생각에 결국 마감을 넘기기 일쑤였다. 결과는 뻔하다. 학점은 바닥으로 추락했고, 자신감도 함께 무너졌다. 완벽하게 하려다가 오히려 완전히 망친 것이다.

강박장애 환자 중에도 이런 완벽주의가 특히 심하다. 책을 볼 때 100% 이해해야만 다음 페이지로 넘어갈 수 있다고 믿는다. 하루 종일 책상 앞에 앉아 있지만 진도는 고작 두세 페이지. 조금이라도 불안이 남으면 처음부터 다시 보기 시작한다. 그러다 보면 진도는 제자리걸음이고, 불안은 폭발적으로 커진다. 그리고 그 결과는? '나는 왜 이것밖에 못 해?'라는 자기비난의 폭풍이다.

아이러니하게도 완벽주의자는 자신이 완벽하다고 생각하지 않는다. 오히려 정반대다. 늘 부족하다는 생각에 시달린다. 그래서 완벽주의자 같다는 말을 들으면 기분이 상한다. 본인은 완벽과는 거리가 멀다고 생각하지만, 사실은 완벽을 향해 끝없이 달리다 지쳐 쓰러져 있는 상태다. 문제는 완벽함이라는 목표 자체가 불가능에 가깝다는 것이다. 완벽을 추구하면 추구할수록 만족은 줄고, 부족하다는 느낌은 커진다. 마치 당근을 쫓는 말처럼, 당근은 절대 잡히지 않고 계속 멀어져 간다. 그래서 완벽주의자는 항상 배고프다. 당근을 못 먹어서가 아니라, 당근이 늘 저~ 멀리 있기 때문이다..

완벽주의는 겉으로 보면 성실함처럼 보인다. 하지만 그 속을 들여다

보면 실패에 대한 두려움이 있다. 실패하면 안 된다는 불안이 기준을 높이고, 그 높은 기준 때문에 시작이 늦어진다. 늦어진 시작은 결과를 망치고, 그 망친 결과는 다시 자기비난으로 이어진다. 이 악순환은 끝없이 반복된다. 여기서 벗어나려면 단순하지만 강력한 생각을 받아들여야 한다. '완벽하지 않아도 된다.'

기준을 낮춘다고 해서 내가 무능해지는 것이 아니다. 오히려 그 기준이 현실적일 때, 더 많은 일을 시도하고, 더 많은 성취를 경험할 수 있다. 결국 완벽주의와 완벽함은 다른 말이다. 완벽주의는 '완벽하게 해야 한다.'는 압박이고, 완벽함은 가끔 나타나는 결과일 뿐이다. 완벽주의자는 그 결과를 쥐려다 오히려 행복도, 성취도 놓친다. 인생에서 충분히 괜찮다는 상태에서 만족할 수 있다면, 마음은 훨씬 가벼워지고 즐거워진다. 당근을 쫓아 끝없이 달리는 말이 아니라, 들판에서 한가롭게 풀 뜯는 말처럼. 완벽하지 않아도 괜찮다. 그게 진짜 완벽한 삶이다.

3

성향, 환경 그리고 상처

완벽주의는 종종 '꼼꼼함'으로 오해된다. 하지만 이 둘은 전혀 다르다. 꼼꼼함은 필요할 때 발휘되면 강력한 장점이지만, 완벽주의는 좋은 엔진을 장착했는데 브레이크가 없는 차와 같다. 그저 달리다가 결국 탈진하거나 벽에 부딪히기 마련이다. 시험 답안지를 제출하면서 마지막 한 글자까지 지우고 다시 쓰느라 시간에 쫓기거나, 보고서를 끝없이 수정하다가 마감 기한을 넘기는 사람. 겉으로 보기엔 성실해 보이지만, 속을 들여다보면 늘 불안에 쫓기며 지쳐 있다. 그렇다면 왜 이렇게 자신을 혹사하며 완벽을 좇게 될까? 그 이유는 크게 세 가지, 타고난 성향과 자라온 환경, 그리고 과거의 상처에서 찾을 수 있다.

사람의 성격에는 태어날 때부터 정해진 부분이 있다. 같은 상황에서도 어떤 아이는 작은 실수에 울고불고 난리가 나는데, 또 다른 아이는 넘어져도 금방 웃는다. 「불안과 우울(Depression and Anxiety,

2012)」 연구에 따르면, 완벽주의 성향은 불안장애, 우울증, 강박장애와 일부 유전적 취약성을 공유한다. 쉽게 말해, 부모에게서 물려받은 '예민함 유전자'가 어느 정도 작용한다는 뜻이다. 「인지, 정서 그리고 행동 뇌과학(Cognitive, Affective, & Behavioral Neuroscience, 2016)」에 실린 fMRI 연구에서는, 완벽주의 점수가 높은 사람일수록 뇌 속 '오류 감지 센서' 역할을 하는 전측대상회피질(Anterior Cingulate Cortex)[1]이 늘 과열 상태라는 것을 밝혔다. 마치 작은 신호에도 사이렌이 울리는 경보 시스템처럼, 사소한 실수 가능성만 보여도 뇌가 즉각 반응하는 것이다.

타고난 성향 위에 덧씌워지는 게 바로 환경이다. 그중에서도 부모의 양육 태도는 완벽주의를 키우는 비료 역할을 한다. 「성격 저널(Journal of Personality, 2004)」 연구에 따르면, 부모가 성취나 순종을 조건으로 사랑을 줄 때 아이는 이렇게 학습한다. '내가 사랑받으려면 반드시 잘해야 해.' 성취가 떨어지면 사랑도 사라질 수 있다는 불안이 깊게 뿌리내린다. 또 다른 연구인 「행동 연구와 치료(Behaviour Research and Therapy, 2010)」에 따르면, 부모가 지나치게 간섭하고 사소한 실수까지 지적하는 가정에서 자란 아이는 자기 기준보다 남의 기준을 더 중요하게 여기게 된다. '남이 만족할 만큼 완벽해야

---

[1] 뇌의 변연계 중 하나로, 감정 조절, 주의 통제, 의지력, 스트레스 반응 등 다양한 인지·정서 기능을 담당하는 영역

해.' 이 생각이 평생 따라다니며 강박이 된다. 한 30대 직장인 환자가 이런 얘기를 했다. "초등학교 때 97점 맞으면 '세 문제나 틀렸네.'라는 말부터 들었어요. 아직도 그 말이 귀에서 맴돌아요." 지금도 보고서를 제출하기 전 하루 종일 붙들고 고친다고 했다. 결과가 아무리 좋아도 마음속에서 '혹시 부족한 게 있지 않을까?' 하는 불안이 떠나지 않는 것이다.

과거의 큰 상처도 완벽주의를 키운다. 「불안장애 저널(Journal of Anxiety Disorders, 2014)」 연구에 따르면, 어린 시절 학대, 방임, 가정폭력을 경험한 성인은 그렇지 않은 사람보다 완벽주의 점수가 높았다. 외상 경험은 다시는 실수하지 말아야 한다는 방어 기제를 강화한다. 어떤 환자는 어릴 적 부모의 기분이 늘 들쑥날쑥했다고 한다. 기분이 좋을 땐 다정했지만, 나쁠 땐 작은 실수에도 폭풍처럼 화를 냈다. 이 환자는 성인이 되어서도 작은 오류 하나만 보여도 극심한 불안을 느꼈다. 그래서 다른 사람에게 일을 맡기지 못하고 모든 걸 직접 확인했다. '내가 완벽히 통제해야만 안전하다.' 이 믿음은 그에게 엄청난 부담이 되었다.

완벽주의는 보통 한 가지 원인만으로 생기지 않는다. 유전적 기질, 양육 태도, 외상 경험, 이 세 가지가 콤보처럼 합쳐지면서 강력한 완벽주의가 완성된다. 예를 들어, 타고난 불안 기질을 가진 아이가 조건

부 사랑을 받으며 자라고, 성장 과정에서 큰 실패나 상처까지 경험하면 완벽주의가 폭발적으로 강화된다. 반대로 조금 예민하더라도 지지해 주는 따뜻한 환경에서 자란다면, 완벽주의가 그리 심하지 않을 수 있다.

완벽주의자의 대표적인 특징 중 하나는 미루기다. 완벽하게 할 수 없다면 아예 시작하지 않겠다는 생각 때문이다. 그래서 시험 공부를 미루다 전날 밤 벼락치기를 하고, 자기소개서를 끝없이 고치다가 마감일을 놓친다. 또 다른 특징은 사소한 것에 집착하는 것이다. 발표 자료의 글씨 크기를 맞추느라 밤을 새우지만, 정작 발표 연습은 못 한다. 청소하다가 먼지는 안 치우고, 장식품 각도만 몇 시간을 맞춘다. 결국 성취감은커녕 피로와 불안만 커진다.

완벽주의는 겉으로 보면 게으름과 정반대처럼 보이지만, 사실 그 뿌리는 같다. 모두 불안을 줄이고 싶어서다. '실수하지 않으면 안전하다.'는 믿음이 완벽주의를 키운다. 하지만 중요한 건, 이 성향이 어디서 시작됐는지 아는 것이다. 뿌리를 알아야 흔들리지 않고, 필요한 곳에만 에너지를 쓸 수 있다.

4

나는 완벽주의자인가

완벽주의의 특징은 스스로를 잘 모른다는 점이다. 자신이 완벽주의자인지 아는 건 중요하다. 그래야 불필요한 스트레스와 시간 낭비를 줄일 수 있다.

다음 체크리스트를 통해 자신이 완벽주의자인지 알아보자.

완벽주의 자가 점검 체크리스트 (O · X)

다음 항목 중 'O'가 7개 이상이면 완벽주의 성향이 강하다고 볼 수 있다.

작은 실수도 오래 마음에 남는다.	☐
일을 시작하기 전에 준비를 완벽하게 해야 한다고 느낀다.	☐
다른 사람에게 맡긴 일을 결국 내가 다시 고친 적이 많다.	☐
목표를 달성해도 만족하지 못하고 부족한 점만 보인다.	☐
기준이 높아 다른 사람이 내 기준을 맞추기 어렵다고 느낀다	☐
마감 직전까지 수정하고 고치는 습관이 있다.	☐
결과가 완벽하지 않으면 '실패'라고 생각한다.	☐
주변 사람들이 '너무 꼼꼼하다'고 자주 말한다.	☐
일을 끝내기보다 완벽하게 하는 게 더 중요하다고 느낀다.	☐
실수를 줄이기 위해 같은 일을 반복해서 확인한다.	☐

이 체크리스트는 단순히 성격을 진단하는 도구가 아니다. 말하자면 자기 이해의 출발점이다. 많은 사람들이 '나는 그냥 꼼꼼한 편이야.'라고 말하며 자신의 성향을 대수롭지 않게 여긴다. 하지만 꼼꼼함은 때때로 완벽주의로 변질되며, 어느 순간 자신과 타인을 옥죄는 족쇄로 바뀌게 된다. 겉으로는 '노력하는 사람', '책임감 있는 사람'처럼 보일

수 있지만, 속으로는 불안과 자책, 그리고 끝없는 압박감에 시달린다.

체크리스트를 통해 스스로를 객관적으로 돌아보는 것은 이 악순환을 끊는 첫걸음이다. '나는 완벽주의자가 아니다'라는 부정 대신, '아, 내 안에 완벽주의가 숨어 있었구나.'라는 자각의 순간이 필요하다. 이 자각이 있어야만, 완벽주의의 덫에서 벗어나기 위한 전략을 세울 수 있다. 체크리스트에서 'O'가 많았다고 해서 절망할 필요는 없다. 완벽주의는 타고난 성격이 아니라, 오랜 습관과 사고방식이 만들어낸 패턴일 뿐이다. 즉, 지금 이 순간부터라도 충분히 바꿀 수 있다.

이 책은 완벽주의에서 벗어나기 위한 실질적인 도구와 전략을 담고 있다. 그저 대충 살아라고 막연하게 말하지 않는다. 대신, 완벽주의가 만들어낸 생각의 함정을 하나씩 풀어내고, 현실 속에서 조금씩 실천할 수 있는 방법을 제시한다. 이를 통해 당신은 완벽을 강박적으로 좇는 대신, '충분히 괜찮은 삶(Good Enough Life)'을 선택하게 될 것이다. 그리고 이 책이 그 여정을 함께하는 동반자가 되어줄 것이다. 이제 우리 함께 완벽주의에서 벗어나, 더 자유롭고 행복한 삶으로 걸어가 보자.

5

계획형 인간이 빠지는 함정

요즘 카페에서 친구를 만나도, 직장에서 회의를 해도, 심지어 명절 가족 모임에서도 제일 먼저 나오는 말이 있다. "너 MBTI 뭐야?" 이제는 혈액형을 묻던 시절은 끝났다. 요즘은 MBTI가 새로운 주민등록번호다. 누군가 갑자기 화를 내면 "아, 저 사람 ESTP라 그래." 계획을 미친 듯이 세우면 "역시 J라서 그래." 하면서 다들 진단서를 뗀 듯 서로의 성격을 분석한다. MBTI는 단순히 밈이나 유행을 넘어, 사람을 이해하는 새로운 언어가 되어 버렸다.

그런데 말이다. 이 MBTI와 완벽주의가 의외로 깊게 연결되어 있다는 사실을 아는가? 놀랍게도 어떤 MBTI 유형은 실수를 한 번만 해도 밤새 이불킥을 하고, 어떤 유형은 계획이 조금만 틀어져도 세상이 무너진 것처럼 느낀다. 누가 봐도 '너무 완벽주의자 아닌가?' 싶은 유형들이 있다는 얘기다. 그래서 스스로를 좀 더 이해하고, 주변 사람을 덜 미워하기 위해(?) MBTI와 완벽주의의 상관관계를 살펴볼 필요가 있다.

MBTI의 역사는 생각보다 길다. 20세기 초, 미국의 캐서린 쿡 브릭스와 그녀의 딸 이사벨 마이어스가 스위스 정신과 의사 칼 융의 심리 유형 이론에 감명을 받아 만들었다. 융은 사람의 성격을 세 가지 축으로 나눴다.

첫째, 에너지를 어디서 얻느냐 — **외향(E) vs 내향(I)**
둘째, 정보를 어떻게 받아들이느냐 — **감각(S) vs 직관(N)**
셋째, 결정을 어떤 방식으로 내리느냐 — **사고(T) vs 감정(F)**

여기에 브릭스 모녀가 하나를 더 추가했다.

넷째, 생활 패턴을 어떻게 유지하느냐 — **판단(J) vs 인식(P)**

이 네 가지 축이 조합돼 16가지 성격 유형이 탄생했고, MBTI라는 거대한 심리 프랜차이즈가 완성됐다. 본래 목적은 단순했다. '사람마다 다르게 태어났으니, 그 차이를 이해하고 맞는 직업과 환경을 찾아보자!' 그런데 이게 어느새 회사 팀빌딩 게임과 연애 상담, 그리고 완벽주의 진단까지 담당하게 된 셈이다.

완벽주의는 모든 유형에서 나타날 수 있지만, 특정 유형에서는 유독 강하게 드러난다. 특히 J형. J는 '판단(Judging)'의 약자다. 이들은 계획을 사랑하고, 일정이 틀어지는 것을 참지 못한다. J형에게 그냥 느낌대로 해보자라고 말하는 건, 강박적인 청소광에게 먼지를 던지는 것과 같다. 여기서도 특히 완벽주의의 왕좌를 차지하는 건 FJ와 TJ다.

INFJ, ENFJ같은 감정-판단형(FJ) 유형은 인간관계에서 완벽을 추구한다. 누군가 나를 싫어하지 않도록, 갈등이 생기지 않도록 세세하게 신경을 쓴다. 그래서 회사 회식에서 주문을 받을 때도 '혹시 이 메뉴가 마음에 안 들면 어쩌지?' 하며 메뉴판만 30분 본다. 타인의 기분을 챙기느라 정작 본인은 탈진한다.

INTJ, ENTJ같은 사고-판단형(TJ) 유형은 인간관계보다는 '성과와 목표'에 집착한다. 계획이 어긋나면 머릿속에서 경보가 울리고, 작은 실수에도 자기비난이 폭발한다. 이들은 마치 게임에서 100점 아니면 0점인 사람 같다. 프로젝트 결과가 99점이어도, 그 한 점 못 채운 스스로를 무능하다고 생각한다.

ISFJ, ISTJ처럼 전통과 규칙을 중시하는 유형은 '책임감'을 스스로 짐처럼 짊어진다. 작은 오류 하나라도 용납하지 못하고, 그걸 고치느라 진짜 일정이 늘어진다. 회사에서는 "야, 넌 진짜 꼼꼼하다!"라는 칭찬을 듣지만, 정작 본인은 밤새 불면에 시달린다.

MBTI는 어디까지나 성격을 이해하기 위한 도구일 뿐이다. 하지만 자신이 J형이고, 특히 FJ나 TJ 성향이라면 완벽주의의 함정을 조심해야 한다.

6

지친 뇌가 보내는 신호

완벽주의는 단순한 습관이 아니라 뇌가 세상을 해석하는 방식과 연결된다. 그리고 특정한 정신과 질환과 밀접하게 얽힌다.

1. 강박적 성격장애

강박적 성격장애가 있는 사람은 규칙, 질서, 계획에 집착한다. 일의 속도보다 완벽하게 하는 것이 더 중요하다. 진료실에서 만난 한 30대 직장인은 이렇게 말했다. "보고서를 완벽하게 쓰느라 밤을 새웠는데, 결국 마감은 놓쳤어요. 그런데도 이상하게 뿌듯했습니다." 「성격장애 저널(Journal of Personality Disorders, 2010)」 연구에 의하면, 강박적 성격장애 환자는 과업을 시작하기 전 준비 단계에서 과도하게 많은 에너지를 쓰고, 실제 성과는 평균보다 떨어질 수 있다. 뇌 영상 연구에서는 배외측 전전두엽 피질(Dorsolateral Prefrontal Cortex)[2]의 과활성화가 나타난다. 이 부위는 계획과 규칙을 세밀하게 관리하는 기능을 담당한다. 마치 차선을 계속 변경하느라 속도를 못 내는 운전자처럼, 뇌가 '계획'에만 몰두해 실행 속도가 늦어진다.

2. 강박장애

강박장애는 '불안'이 핵심이다. 무언가 완벽하지 않으면 큰일이 날 것 같은 불안이 사람을 반복 행동으로 몰아넣는다. 한 환자는 보고서를 제출하기 전에 맞춤법을 스무 번 넘게 확인했다. 고쳤어도 혹시 또 틀렸을지 모른다는 불안이 계속됐다. 「생물 정신의학 (Biological Psychiatry, 2011)」에서는 강박장애 환자에서 전측대상회피질(Anterior Cingulate Cortex)과 기저핵(Basal Ganglia)[3]이 과도하게 활성화된다고 보고했다. 이 회로는 '위험' 신호를 탐지하고 행동을 수정하는 역할을 한다. 완벽하지 않으면 뇌가 위험을 과장해 해석하고, 이를 줄이기 위해 같은 행동을 반복하게 만든다.

---

2 정서 정보 처리, 작업기억, 주의집중, 목표지향적 행동 등 고등 인지 기능에 핵심적으로 관여하는 뇌 부위

3 뇌의 기저부(아래쪽)에 위치한 신경세포 집합체로, 주로 운동 조절과 습관 형성, 기술 학습에 중요한 역할을 하는 구조

3. 우울장애

완벽주의와 우울은 자주 함께 온다. 스스로 세운 기준이 지나치게 높으면, 그 기준을 충족하지 못했을 때 자기비난이 심해진다. 20대 취업 준비생 D씨는 이렇게 말했다. "계획표에서 한 줄이라도 빼먹으면, 저는 그냥 망한 거예요. 그날은 아무것도 안 합니다."「인지치료와 연구(Cognitive Therapy and Research, 2007)」에서는 실패에 대한 두려움과 기준 미달에 대한 강한 거부감이 우울증 발병과 재발 위험을 높인다고 보고했다. 뇌 영상에서는 전전두엽(Prefrontal Cortex)[4] 기능 저하와 편도체(Amygdala)[5]의 과활성이 동시에 나타난다. 즉, 긍정적 정보는 약하게 처리하고, 부정적 정보에는 과도하게 반응한다.

4. 불안장애

불안장애 환자에게 완벽주의는 불안을 유지시키는 연료다. 발표 자료를 만들 때 하나라도 틀리면 끝장이라고 생각하면, 작업 속도는 느려지고 불안은 커진다. 「행동 연구와 치료(Behaviour Research and Therapy, 2014)」에 따르면, 완벽주의가 심한 범불안장애환자는 치료 효과가 더딘 경향이 있었다. 뇌 과학적으로 보면, 불안장애는 편도체 과활성과 전전두엽-편도체 연결성 약화가 특징이다. 편도체가 실

---

[4] 대뇌의 전두엽 앞부분에 위치한 피질로, 고차원적 사고와 감정 조절, 의사결정 등 인간의 인지·행동 기능을 담당함
[5] 내뇌변연계에 위치하는 뇌 부위로 감정 조절과 특히 공포·불안 반응, 감정 기억 형성에 핵심적인 역할을 함

수를 실제 위험처럼 해석해 불안을 키운다. 「신경영상(NeuroImage, 2016)」 연구에서는 완벽주의 점수가 높은 사람일수록 편도체 반응이 강하게 나타났다.

5. 회피성 성격장애

완벽하지 않으면 시도조차 하지 않는 경우다. 대학생 환자 B씨는 아직 발표 자료가 완벽하지 않다는 이유로 수업에 결석했다. 회피성 성격장애 환자의 뇌는 사회적 상황에서 전측 섬엽(Anterior insula)[6]이 강하게 반응해, 불쾌감과 불안을 과도하게 느낀다. 결국 '안 하는 게 낫다.'는 결정을 반복한다.

6. 자기애성 성격장애

자기애가 강한 사람은 '완벽한 이미지'를 유지하려 한다. 실패를 인정하지 않고, 약점을 드러내지 않는다. 「성격장애: 이론, 연구 그리고 치료(Personality Disorders: Theory, Research, and Treatment, 2016)」에서는 자기애 성향이 강할수록 복측 선조체(Ventral Striatum)[7]가 사회적 인정 상황에서 강하게 활성화된다고 보고했다. 인정 욕구가 클수록 외적인 완벽함을 추구하게 된다.

---

6 신체 감각과 감정을 통합해 정서 반응을 조절하는 뇌 영역으로, 불안이나 공포와 같은 정서적 경험에 중요한 역할을 함

7 보상과 동기 부여를 담당하는 뇌 영역으로, 즐거움·기대감·학습된 보상 반응에 핵심적인 역할

이처럼 완벽주의는 단순한 성격 특성이 아니라, 뇌가 정보를 처리하는 방식의 결과다. 그리고 그 방식이 여러 정신과 질환과 얽히면 삶은 훨씬 힘들어진다. 완벽함은 존재하지 않는다. 뇌의 경보 시스템이 불필요하게 울리고 있다면, 그 경보를 끄는 연습이 필요하다. 완벽주의에서 벗어나는 건, 게으름이 아니라 회복이다.

7

온전한 옥의 아이러니

우리가 흔히 쓰는 '완벽(完璧)'이라는 단어. 사실 출발은 꽤 소박하다. '완(完)'은 온전하다, '벽(璧)'은 옥이다. 즉, 완벽이란 원래 '온전한 옥'이라는 뜻이었다. 그런데 이 단어가 세월을 타고 오면서 '흠 하나 없는 무결점'이라는 뜻으로 바뀌었다. 한마디로 옥 하나 지킨 얘기가 인간 인생의 기준이 되어버린 셈이다.

이야기의 주인공은 춘추전국시대 초나라의 화씨(和氏)다. 그는 산에서 우연히 옥을 발견했는데, 왕이 가짜로 오해해서 그의 발뒤꿈치를 잘라버렸다. 한 번도 모자라서 두 번이나 잘렸다. 그러다 결국 그 옥이 진짜로 밝혀지자 왕은 뒤늦게 후회했다. 화씨는 억울하게 두 발을 잃었고, 옥은 나라의 보물이 되었다. 그 옥이 바로 화씨지벽(和氏之璧)이다. '화씨의 옥'이라는 뜻이다.

하지만 이 옥의 이야기는 거기서 끝나지 않았다. 진나라 왕이 '성 열다섯 개 줄게, 옥 내놔.'라고 했을 때, 조나라에서는 임상여(藺相如)라는 신하가 파견됐다. 그는 교묘한 말재주로 왕을 속이고 시간을 끌며 옥을 끝내 지켜냈다. 옥은 온전히 조나라로 돌아왔고, 사람들은 '완벽귀조(完璧歸趙)'라 불렀다. 여기서 '완벽'이란 말이 시작됐다. 원래 뜻은 '흠집 없이 잘 지켰다.'인데, 우리가 어느 순간부터 인생도, 시험도, 사랑도, 회사 일도 흠 하나 없이 해야 한다는 식으로 받아들이기 시작한 거다. 옥 하나 지키다 보니, 인간 전체가 옥이 되어 버린 셈이다.

진시황은 완벽한 제국을 만들고 싶어 했다. 책은 다 태우고, 법은 철저히 적용하고, 반대파는 싹 쓸어냈다. 하지만 그의 제국은 그의 죽음과 함께 와르르 무너졌다. 완벽한 시스템은 오래 못 간다. 너무 팽팽하게 당긴 줄은 금방 끊어지기 때문이다. 프랑스 혁명도 자유, 평등, 박애라는 완벽한 구호로 시작했다. 그런데 곧 단두대가 바쁘게 돌아갔다. 완벽한 세상 만들겠다더니, 결과는 공포였다. 완벽을 꿈꾸는 순간, 인간은 늘 잔인해진다. 20세기의 전체주의, 공산주의 국가들도 예외가 아니었다. 완벽한 인간, 완벽한 사회를 만들겠다고 나섰지만, 결과는 학살과 전쟁이었다. 역사는 수없이 반복해서 말한다. '완벽을 꿈꾸는 건 망하는 지름길이다.'

수학자 괴델은 인간의 꿈을 산산조각 냈다. 그는 아무리 완벽한 체계라도 그 안에는 스스로 증명할 수 없는 진리가 있다고 말했다. 한마디로, 수학조차도 완벽할 수 없다는 뜻이다. 물리학도 냉정하다. 하이젠베르크의 '불확정성 원리'에 따르면, 우리는 어떤 입자의 위치와 운동량을 동시에 완벽하게 알 수 없다. 열역학 제2법칙은 100% 효율은 불가능하다고 말한다. 완벽한 진공도, 완벽한 기계도, 현실에는 없다.

철학은 또 어떤가. 플라톤은 완벽한 원, 완벽한 정의 같은 이상 세계를 그렸다. 그런데 정작 현실에서는 그런 건 없다. 이상은 지도를 비춰주는 등불일 뿐, 목적지가 될 수 없다. 예술은 차라리 솔직하다. 미켈란젤로는 일부러 작품을 미완으로 남겼다. 일본 미학 '와비사비'[8]는 금이 간 그릇을 금옻으로 이어 붙인다. 흠을 가리는 게 아니라, 흠을 강조하는 것이다. 그 흠이 작품의 개성과 생명력을 만든다. 생각해 보면 진짜 명작은 완벽하지 않다. 음악도 마찬가지다. 박자 하나 어긋난 연주, 음이 살짝 흔들린 노래가 오히려 더 감동을 준다. 흠 없는 기계음은 귀는 편한데, 마음을 울리지는 않는다.

정신의학은 답한다. 완벽은 바로 불안 때문이다. 인간은 실수를 두려워한다. 흠이 나면 무너질까 봐 걱정한다. 그래서 완벽이라는 허상을 붙잡는다. '실수 없으면 안전하다. 흠 없으면 비난받지 않는다.' 하

---

8 일본 전통 미학에서 유래한 개념으로, 불완전함과 낡음, 단순함에서 아름다움을 찾는 철학을 의미함

지만 이 생각이 오히려 불안을 키운다. 작은 흠도 참을 수 없게 되기 때문이다. 완벽주의자는 세상을 흑백으로 본다. 99번 잘해도 1번 실수하면 모든 게 끝났다고 느낀다. 이런 사람은 늘 긴장하고, 늘 자책한다. 완벽을 잡으려다 결국 자유를 잃는다. 연구에 따르면 완벽주의 성향은 우울과 불안을 높인다. 삶을 더 나아지게 하는 게 아니라, 오히려 성취를 방해한다. 과제를 끝내지 못하고, 새로운 도전을 미루고, 늘 스스로를 채찍질한다. 완벽은 성취의 친구가 아니라, 실패의 동반자다.

결국 완벽을 추구하는 건 없는 파랑새를 찾는 것과 같다. 멀리 가면 잡을 수 있을 것 같지만, 끝내 손에 잡히지 않는다. 파랑새는 원래 집에 있었다. 완벽도 마찬가지다. 흠 없는 무결점이 아니라, 지금 이 순간의 '충분히 좋은 온전함' 속에 있다. 과학도, 역사도, 예술도, 정신의학도 한목소리로 말한다. 완벽은 불가능하다. 그런데도 우리는 자꾸 없는 파랑새를 찾으려 한다.

그러니 이제는 인정하자. 완벽은 없다. 하지만 온전함은 있다. 그 차이를 아는 순간, 우리는 훨씬 더 자유로워진다. 흠집도, 실수도, 흔들림도 삶의 일부로 받아들이자. 그 속에서 우리는 오히려 더 인간답고, 더 따뜻해진다.

8

요령과 효율이 답이다

완벽에도 종류가 있다. 먼저 절대적인 완벽이 있다. 시험에서 만점을 맞는 것, 타자가 매 타석에서 홈런을 치는 것, 누가 봐도 100점짜리 성과다. 그런데 솔직히 이런 절대적 완벽은 인생에서 거의 불가능하다. 시험이란 건 수십 번 치르는데 그때마다 만점을 맞는 건 신의 영역이지 사람의 영역이 아니다. 매 타석 홈런을 치는 것도 마찬가지이다. 인류 역사상 가장 유명한 수학자나 과학자도 실수를 했고, 최고의 선수들도 경기마다 미스는 있었다. 절대적 완벽을 추구한다는 건, 별을 손으로 따 주겠다는 말이랑 비슷하다.

다음은 상대적인 완벽이다. 만점을 맞지는 않았지만 다른 사람보다 잘해서 1등을 하는 경우다. 내가 95점을 맞았는데 나머지는 다 94점 이하라면, 나는 상대적인 완벽을 달성한 셈이다. 이런 경우에도 사람들은 '완벽하다.'라고 칭찬한다. 하지만 이 역시 쉽지 않다. 왜냐면 1등은 단 한 명뿐이기 때문이다. 아무리 열심히 해도 옆자리 친구가 나보다 더 잘하면 나는 2등, 3등이 된다. 노력한다고 반드시 1등이 보장되는 건 아니다. 공부든 스포츠든 회사 성과든 늘 그렇다. 그래서 상대적 완벽도 많은 사람들에게는 마치 신기루 같은 존재가 된다.

그렇다면 우리에게 가능한 완벽은 무엇일까? 바로 현실적인 완벽이다. 절대적인 완벽이나 상대적인 완벽이 아니라, 내가 가진 능력을 가장 알맞게 써서 가장 좋은 효과를 뽑아내는 것이다. 다시 말해 무식하게 더 많이 한다고 완벽해지는 게 아니라, 똑똑하게 방향을 잡고 요령을 써야 완벽에 가까워진다.

공부를 예로 들어 보자. 교과서를 통째로 외우는 건 만점을 노리는 절대적 완벽을 추구하는 방식이다. 하지만 현실적으로 불가능하다. 상대적 완벽을 노린다면, 옆 친구보다 더 많이 외워야 한다. 역시 어렵다. 하지만 현실적인 완벽은 다르다. 시험에 나올 만한 부분을 중심으로 전략적으로 공부하는 것이다. 기출문제를 분석하고, 자주 나오는 부분을 집중적으로 잡는 게 훨씬 효과적이다. 결국 공부의 완벽은 '양이 아니라 방향'에 달려 있다. 운동도 마찬가지다. 하루에 열 시간씩 헬스장에서 땀을 흘려도 자세가 틀리면 허리만 다친다. 근육은 안 늘고 통증만 생긴다. 하지만 바른 자세로 적당한 횟수를 하고 충분히 쉬면, 두세 시간만 투자해도 몸은 금세 달라진다. 완벽은 시간과 땀의 양이 아니라, 방법과 효율에서 나온다.

　회사 일도 다르지 않다. 상사는 종종 이런다. "이 보고서 완벽하게 해 와." 하지만 그 완벽은 내가 생각하는 완벽과 다르다. 밤새 단어 하나하나를 다듬는 게 아니라, 정작 원하는 건 핵심이 잘 정리된 PPT 한 장일 수 있다. 완벽은 모든 걸 다 채우는 게 아니라, 상대가 원하는 지점을 정확히 맞추는 데서 나온다. 괜히 밤새워 50장을 써도, 상사는 "이거 요약해서 다시 가져와."라고 한다. 완벽을 향한 잘못된 노력은 피곤만 남긴다. 인간관계도 그렇다. 모든 사람과 다 잘 지내려는 건 불가능하다. 아무리 노력해도 누군가는 나를 싫어한다. 오히려 맞지 않는 사람과 억지로 친하게 지내려다 지치고 상처받는다. 현실적인 완벽은 모든 사람을 만족시키는 게 아니라, 나와 맞는 몇 명과 진짜 관계를 맺는 것이다.

　예술도 재미있는 예시다. 절대적 완벽을 추구한 예술가는 대부분 비극적인 삶을 살았다. 베토벤은 완벽한 음악을 원했지만 청력을 잃었고, 반 고흐는 완벽한 그림을 그리려다 스스로 무너졌다. 하지만 세상은 그들의 절대적 완벽이 아니라, 그들이 보여준 불완전한 완벽을 기억한다. 모차르트도, 피카소도 작품마다 흠이 있었지만, 그 흠조차 독창성으로 인정받았다. 인간의 완벽은 오히려 약간의 불완전함 속에서 빛을 발한다. 역사 속 지도자들도 마찬가지다. 나폴레옹은 완벽한 전략가를 꿈꿨지만 결국 워털루에서 무너졌다. 링컨은 완벽한 정치인이 아니었지만, 부족함을 인정하고 주변의 장점을 모아 큰 성과를 냈다. 절대적 완벽을 좇다 무너진 사람이 많았고, 현실적인 완벽을 받아들여 성공한 사람이 더 많았다.

진정한 완벽은 절대적 완벽도 아니고, 상대적 완벽도 아니다. 우리가 추구해야 할 건 현실적인 완벽이다. 내가 가진 능력을 효율적으로 쓰고, 요령 있게 활용해서 최대한의 효과를 뽑아내는 것. 시험에서도, 운동에서도, 회사에서도, 인간관계에서도 이 원리는 똑같이 통한다. 무작정 더 한다고 완벽해지는 게 아니라, 똑똑하게 해야 완벽해진다. 세상은 늘 완벽을 외치지만, 사실은 진짜 완벽을 원하지 않는다. 오히려 사람들이 원하는 건 상황에 맞는 최선, 효율적인 결과, 요령 있게 다듬어진 성과다. 그래서 절대적 완벽을 꿈꾸며 쓰러질 필요도 없고, 상대적 완벽에 목매며 고통받을 필요도 없다. 내가 가진 걸 제대로 쓰고, 내 능력을 가장 똑똑하게 발휘하는 것. 그게 진정한 완벽이다. 진정한 완벽은 요령과 효율이다.

제 2 부

대충 효율로
사는 법

Good Enough Wins

100%가 아니라
80%면 충분하다

대충 먼저 보고 가자

1. 최고의 맛이 아니라 '싸고 빠르고 어디서나 같은' 효율과 표준화가 대중의 신뢰를 만들었다.
2. 80% 완성본을 빨리 공유하고 피드백으로 다듬는 편이 100%를 홀로 고집하는 것보다 훨씬 생산적이다.
3. 한정된 자원을 핵심에 집중하도록 '대충 해도 되는 일'과 '정밀해야 하는 일'을 구분하는 것이 성과를 낳는다.
4. 완벽을 기다리기보다 일단 시작해 시행착오로 배우는 실행 편향이 결과를 만든다.
5. 완벽을 향한 고집은 변화와 융합의 시대에 혁신을 늦추는 족쇄가 될 수 있다.
6. '준비한 내용'보다 '청중의 상태'에 맞춰 과감히 줄이고 바꾸는 유연함이 최고의 발표를 만든다.
7. 과도한 이론과 완벽주의를 비우고 기본기 위에 가볍게 휘두르는 실행이 골프 스코어를 개선한다.

1

맥도날드가 성공한 비밀

며칠 전, 지인과 점심을 먹다가 맥도날드 이야기가 나왔다. 그는 버거 맛이 너무 없다고 불만을 터뜨렸다. "이런 버거는 나도 만들 수 있어. 내가 직접 가게를 열면 이런 맥도날드보다 훨씬 잘 될 텐데." 나는 웃으며 고개를 끄덕였지만, 속으로는 이렇게 생각했다. 맥도날드는 맛있는 버거를 못 만드는 게 아니라 안 만드는 거다. 그들은 '최고의 맛'이 아니라 '최고의 효율'을 택했다. 맥도날드의 진짜 무기는 미슐랭급 햄버거가 아니라, 그럭저럭 맛있는 햄버거를 싸고 빠르게, 어디서나 똑같이 만들어내는 능력이다. 다시 말해, 맥도날드는 고급 레스토랑이 아니라 햄버거의 대중교통 같은 존재다. 최고급 리무진 세단은 아니지만, 누구나 타고 어디든 갈 수 있다.

맥도날드는 1940년, 미국 캘리포니아의 작은 드라이브인 레스토랑에서 시작했다. 맥과 딕 맥도날드 형제는 메뉴를 단순화하고, 주방을

공장처럼 효율화한 '스피디 서비스 시스템'을 만들었다. 햄버거, 감자튀김, 음료 세 가지에 집중하고, 조리 과정을 분업화했다. 덕분에 기존 레스토랑보다 훨씬 빨리 음식을 내놓을 수 있었다. 마치 패스트푸드판 컨베이어 벨트였다. 1954년, 밀크셰이크 기계 판매원이었던 레이 크록이 이 시스템을 발견한다. 그는 '이거다!' 싶었고, 프랜차이즈 사업을 시작했다. 이후 맥도날드는 미국을 넘어 전 세계로 퍼졌다. 레이 크록은 이렇게 말했다. "우리는 햄버거를 파는 게 아니라 시스템을 판다." 맞는 말이다. 맥도날드의 성공은 '맛'이 아니라 '구조'였다.

이 원리를 더 잘 보여주는 예가 바로 포드 자동차다. 헨리 포드는 자동차 산업을 완전히 바꾸어 놓은 인물이었다. 20세기 초반까지만 해도 자동차는 극소수 부유층의 전유물이었다. 장인들이 손으로 만든 자동차는 가격이 너무 비쌌고, 제작 기간도 길었다. 대다수 사람들에게 자동차는 그림의 떡이었다. 하지만 포드는 이 불합리를 정면으로 깨뜨렸다. 1908년 출시된 모델 T는 혁신의 상징이었다. 포드는 복잡했던 제작 과정을 단순화했고, 표준화된 부품을 사용했다. 그리고 무엇보다 중요한 건 컨베이어 벨트를 활용한 대량생산 시스템이었다. 이전에는 한 대의 자동차를 만드는 데 수 주일이 걸렸지만, 포드의 시스템에서는 몇 시간 만에 생산이 가능했다. 이로 인해 가격은 급격히 떨어졌고, 평범한 노동자도 자동차를 살 수 있게 됐다. 자동차는 귀족의 사치품에서 대중의 이동 수단으로 바뀌었다.

포드는 완벽한 자동차를 만든 게 아니다. 최고 성능, 최고 디자인, 최고 품질을 추구하지 않았다. 대신 그는 '누구나 살 수 있는 차'라는 목표에 집중했다. 당시 고급 수제차보다 성능은 떨어질지 몰라도, 접근성과 효율로 시장을 장악했다. 「하버드 비즈니스 리뷰(Harvard Business Review), 1985」는 이를 두고 이렇게 말했다. '포드는 완벽보다 접근성을 택했다. 최고의 퀄리티보다, 누구나 가질 수 있는 제품을 만들었다.'

이케아도 같은 전략을 사용했다. 이케아는 고급 원목 가구를 만들지 않는다. 대신 '적당히 괜찮은 가구'를 저렴한 가격에, 누구나 쉽게 구매할 수 있도록 했다. 1950년대 스웨덴의 작은 마을에서 시작된 이케아는 가구를 단순히 파는 게 아니라, 새로운 소비 방식을 제안했다. 고객이 직접 상자에 담긴 부품을 들고 와서 집에서 조립하는 방식이다. 노동과 운송 비용을 최소화해 가격을 낮췄다. 〈이코노미스트(The Economist)〉는 이를 '디자인의 대중화'라고 불렀다. 이케아는 가구를 예술품이 아니라 일상적인 생활 필수품으로 만들었다.

물론 이케아 가구는 100년을 버티지 않는다. 서랍이 조금 덜컥거리고, 조립하다가 나사가 남기도 한다. 하지만 사람들은 개의치 않는다. 가격이 싸고, 디자인이 깔끔하며, 필요할 때 쉽게 살 수 있기 때문이나. 소비자에게 중요한 건 '완벽한 기구'가 아니라 '충분히 괜찮은 가구'였다. 이케아는 그 사실을 정확히 읽어냈다.

스타벅스도 마찬가지다. 스타벅스는 세계 어디서나 같은 맛의 커피를 제공한다. 스페셜티 커피 애호가라면 스타벅스 커피는 평범하다고 평가할지 모른다. 하지만 바로 그 평범함이 스타벅스의 힘이다. 어디서나 비슷한 맛과 비슷한 분위기를 제공하기 때문에 사람들은 안심하고 들어간다. 스타벅스의 성공은 최고 맛이 아니라, 언제 어디서나 제공되는 '예측 가능한 맛'이었다. 출장지에서, 해외여행 중에도 낯선 동네에서 스타벅스 간판을 보면 마음이 놓이는 이유다. 이 역시 완벽보다는 효율의 승리다. 더 가까운 예로 편의점 김밥을 생각해 보자. 집에서 정성껏 만든 김밥보다 맛은 떨어질 수 있다. 하지만 새벽 2시에 배고픈 학생에게는 최고의 만찬이다. 완벽한 맛이 아니라, 언제든 구할 수 있는 '편리함'이 진짜 힘이다.

세상은 최고보다 '적당히 좋은 것의 효율성'에 더 큰 박수를 보낸다. 사람들은 늘 완벽을 원하지 않는다. 많은 경우, 그럭저럭 괜찮은 것을 싸게, 빨리, 꾸준히 원한다. 맥도날드, 포드, 이케아, 스타벅스, 그리고 편의점 김밥까지도 이 사실을 증명한다. 결국, 완벽한 기업이란 완벽한 제품을 만드는 기업이 아니다. 맥도날드가 그렇고, 포드가 그렇고, 이케아와 스타벅스도 마찬가지다. 그들은 완벽 대신 극도의 효율을 택했고, 그것이 성공으로 이어졌다. 사람도 마찬가지다. 완벽하려면 모든 걸 다 잘할 필요는 없다. 중요한 건 효율성이다. 시간을 어디에 쓰고, 에너지를 어떻게 배분하느냐가 완벽에 더 가깝게 만든다. 기업이 효율로 살아남듯, 사람도 효율로 더 나은 삶을 살 수 있다. 결국, 완벽은 완벽한 결과가 아니라, 효율적으로 사는 과정에서 얻어지는 것이다.

2

80%면 충분한 효율의 비밀

"나 어제도 야근했어. 이번 주만 세 번째야."
"왜? 일이 그렇게 많아?"
"끝내야 할 게 계속 쌓이니까. 아무리 해도 끝이 없어."
"나는 오늘 칼퇴 했어. 어제 보고한 자료는 부장님이 잘했다고 칭찬까지 하더라."
"헐… 어떻게 그렇게 빨리 끝내?"
"난 그냥 대충 해. 완벽하게 하려고 들면 끝이 없더라고."

이 대화는 직장인이라면 누구나 공감할 만한 장면이다. 회사에는 두 부류의 사람이 있다. 늘 야근하는 사람과 늘 칼퇴 하는 사람. 놀랍게도 칼퇴 하는 쪽이 상사한테 칭찬을 더 많이 듣는다. 이유는 단순하다. 완벽에 집착하지 않기 때문이다.

모든 걸 100% 완벽하게 하려는 사람은 늘 시간이 부족하다. 보고서에서 오탈자 하나 고치느라 새벽까지 붙잡고, 그래프 색깔 맞추느라 커피를 네 잔째 들이킨다. 하지만 정작 상사는 그 차이를 못 느낀다. 관심도 없다. 반대로 80% 정도의 완성도로 틀만 잡고 빠르게 공유하는 사람은 '오, 이거 좋네.'라는 반응을 얻는다. 핵심만 담아 빠르게 보여주고, 피드백으로 고치는 게 훨씬 효과적이기 때문이다.

100%와 80%. 숫자로는 20% 차이지만, 실제 시간과 노력으로 환산하면 5배, 많게는 10배 이상 차이가 난다. 80%에서 100%로 올리는 그 마지막 끄트머리는 말 그대로 '밑 빠진 독에 물 붓기'다. 정성 들여 채운 20%는 보고하는 순간 방향이 다르다는 말 한마디로 무너진다. 실제로 가장 비효율적인 방식은 혼자서 완벽하게 다 만들고 보고하는 것이다. 상사가 이건 아예 다른 방향이라고 말하면, 며칠 동안 밤새워 만든 자료라도 바로 삭제 버튼을 누를 수 밖에 없다. 그보다 80% 완성도로 만들어 공유하는 게 훨씬 낫다. 피드백을 받아 방향을 맞춘 뒤, 나머지를 채워 넣으면 된다. 시간도 절약되고, 결과도 더 좋아진다.

여기서 중요한 건 '80%'라는 숫자에 너무 얽매이지 않는 것이다. 꼭 80%를 정확히 맞출 필요는 없다. 76%든 84%든 상관없다. 핵심은 일단 이 정도면 됐다는 감각이다. 중요한 건 완벽한 수치가 아니라, 진행 그 자체다. 그까짓 거 그냥 대충 해보고, 필요한 만큼 고쳐 가는 게 진짜 효율이다. '대충'이라는 말이 주는 어감이 사람들을 불안하게 만든다. 왠지 무능해 보이고, 대충 하면 결과가 엉망일 것 같다는 생각이 든다. 하지만 사실 무능한 건 대충이 아니라 쓸데없이 완벽을 고집하는 태도다. 대충은 '적당히'가 아니라, '현명하게'라는 뜻이다.

예를 들어 요리할 때 소금 몇 그램 차이에 목숨 걸고 30분을 더 쓰는 사람과, 적당히 간을 맞추고 먼저 밥상을 차려내는 사람을 비교해 보자. 후자가 먼저 먹고 배도 채운다. 전자는 소금은 맞췄지만 밥은 늦게 나와서 모두를 화나게 한다. 회사 일도 똑같다. 빨리 내놓는 대충 보고서가 진짜 효율적이다. 이 방식은 개인만 편한 게 아니다. 팀 전체에도 도움이 된다. 누군가 "내가 완벽하게 다 끝낸 뒤 공유할게."라고 하면 팀 전체가 멈춘다. 반대로 적당히 만든 초안을 빨리 공유하면, 팀원들이 같이 보면서 고친다. 그 과정에서 더 좋은 아이디어가 나오기도 한다. 협업은 혼자 완벽하게 하는 게 아니라, 다 같이 조금씩 채우면서 완벽에 가까워지는 과정이다.

생각해 보면 우리 인생 대부분의 성취도 이런 '대충의 힘' 덕분이었다. 학교 다닐 때 숙제도 대충 해가면 선생님이 "좋아, 일단 해온 게 어디야."라고 했다. 집안일도 그렇다. 청소기를 돌릴 때 구석구석 먼지 한 톨까지 없애려 하면 반나절이 걸리지만, 그냥 눈에 띄는 것만 치우면 손님 맞이하는 데 아무 문제 없다. 완벽하지 않아도 충분하다.

우리는 종종 완벽이라는 단어에 발이 묶인다. '아직 준비가 안 됐어.', '조금만 더 다듬어야 해.' 그러다 결국 아무것도 시작하지 못한다. 하지만 중요한 건 완성도가 아니라 진행도이다. 일단 움직이고, 일단 보여주고, 일단 던져야 뭔가가 된다. 세상에 완벽한 시작은 없다. 일단 시작한 사람만이 완벽에 가까워질 수 있다.

물론 대충이 만능열쇠는 아니다. 수술실에서 의사가 "오늘은 대충 수술해 보겠습니다."라고 말한다면 큰일이다. 하지만 대부분의 일은 그렇지 않다. 직장 보고서, 과제, 일상적인 업무는 대충의 기술이 훨씬 효율적이다. 필요 없는 디테일에 매달리지 않고, 중요한 부분에 에너지를 집중하는 것. 이게 진짜 똑똑한 방식이다. 결국 중요한 건 '대충'이 아니라 '현명하게' 일하는 것이다. 먼저 틀을 잡고, 빨리 공유하고, 필요한 만큼 고치는 것. 완벽하겠다는 집착은 오히려 방해가 된다. 모든 걸 완벽히 하려는 사람은 늘 늦고 늘 피곤하다. 하지만 적당히, 현명하게, 빠르게 움직이는 사람은 늘 앞서 나간다.

진짜 효율은 100점짜리 보고서가 아니라, 80점짜리 보고서를 빨리 내놓고 다 같이 100점에 가깝게 다듬는 과정에서 나온다. 완벽은 혼자 만드는 게 아니라 함께 완성해 가는 것이다. 그래서 결론은 단순하다. 모든 걸 100% 하려 들지 말자. 대충 해도 충분히다. 오히려 그 대충이 진짜 완벽으로 가는 가장 빠른 길이다.

3

전략적으로 대충 하자

　사람들은 보통 '대충 한다.'는 말을 들으면 기분이 상한다. 왠지 성의 없고 책임감이 없는 사람처럼 들리기 때문이다. 하지만 사실 '전략적 대충'은 게으름과는 다르다. 게으름은 아무것도 하지 않는 것이지만, 전략적 대충은 할 일을 다 하되 효율적으로만 한다는 뜻이다. 다시 말해 덜 중요한 것에 힘을 빼지 않고 정말 중요한 것에 집중하기 위한 선택이다.

　우리는 흔히 모든 일을 완벽히 해내야 한다는 압박을 받는다. 그러나 인간은 컴퓨터가 아니다. 아니, 컴퓨터조차 완벽하지 않다. 하드디스크도 오류가 있고, 인공지능도 종종 이상한 답을 낸다. 그런데 사람이 어떻게 모든 걸 완벽히 하겠는가. 집중력, 체력, 의지력은 모두 한정된 자원이다. 심리학자 로이 바우마이스터는 「의지력 소진(ego depletion, 1998)」 연구를 통해 사람은 하루에 쓸 수 있는 의지력이 정해져 있다고 밝혔다. 사소한 일에 집중력을 다 써버리면 정작 중요한 순간에는 결정 장애에 빠진다. 결국 모든 일을 완벽히 하려는 사람은 중요한 순간에 힘을 쓰지 못한다. 마치 축구 선수가 몸을 풀 때 풀파워를 쓰다가 경기 시작하자마자 숨이 차는 꼴이다.

그래서 대충할 수 있는 일과 제대로 해야 할 일을 구분하는 것이 전략적 대충의 핵심이다. 모든 걸 대충 하면 망한다. 하지만 구분만 잘하면 산다. 예를 들어 상사에게 보고하는 메일 제목은 신중해야 하지만, 동료와 점심 약속을 잡는 메일 제목은 그냥 '점심?'이면 충분하다. 투자자 앞에서 발표하는 프레젠테이션은 디테일이 생명이지만, 팀 내부 회의 자료에까지 애니메이션 효과를 넣을 필요는 없다. 집안 청소도 마찬가지다. 집들이 전날에는 구석구석 닦아야 하지만, 평소 혼자 살 때는 로봇청소기 한 번 돌리면 족하다. 결과에 큰 영향을 주는 일은 공들여야 하고, 별 영향이 없는 일은 대충 넘어가도 무방하다.

직장 생활에서도 전략적 대충은 생존 기술이다. 보고서의 70%는 아무도 안 본다. 대부분은 결론만 본다. 따라서 페이지 디자인에 두 시간을 쓰는 것보다 핵심 메시지 한 줄을 고민하는 게 낫다. 회의 역시 모든 발언을 정리할 필요는 없다. 중요한 결정, 책임자, 마감일만 메모하면 된다. 나머지는 아무도 기억하지 못한다. 업무의 성과가 일부 핵심 일에서 나오듯, 업무의 20%만 잘해도 성과의 80%는 확보된다.

역사 속 인물들도 전략적 대충의 고수였다. 에디슨은 전구를 발명했지만, 사실 그는 수천 개의 실패한 전구를 먼저 만들었다. 그는 대충 시험하다가 운 좋게 맞춘 것도 많았다. 그러나 그는 이렇게 말했다. "나는 실패한 게 아니라, 안 되는 방법을 만 개나 발견했다." 완벽주의자가 아니라, 실패를 대충이라도 많이 해본 결과였다. 스티브 잡스는 아이폰의 디자인에는 집착했지만 배터리 교체 같은 건 과감히 포기했다. 대신 전체 철학을 살리는 데 집중했다. 피카소는 단 2분 만에 그린 그림을 5만 달러에 팔았다. 사람들이 항의하자 그는 말했다. "이건 40년과 2분짜리 그림이다." 그는 모든 그림을 완벽히 그린 게 아니라, 필요할 때만 정교하게 했다.

대충이 왜 효율적인지 따져보면 명확하다.

첫째, 시간 절약이다. 덜 중요한 일에 시간을 아끼면 더 중요한 일에 쓸 수 있다.

둘째, 집중력 유지다. 사소한 것에 에너지를 낭비하지 않는다.

셋째, 창의성 향상이다. 완벽하려 애쓰면 오히려 창의력이 떨어진다. 대충 해야 뇌가 유연해진다.

넷째, 스트레스 감소다. 모든 걸 잘하려다 지치면 번아웃이 오지만, 대충 하면 마음이 편하다.

우리 삶의 여러 장면에서도 전략적 대충은 필요하다. 공부할 때 모든 과목을 100점 맞으려 하면 쓰러진다. 중요한 과목만 확실히 잡고 나머지는 적당히 넘어가는 것이 오히려 성적을 끌어올린다. 인간관계도 마찬가지다. 모든 사람에게 다 잘하려다 보면 정작 중요한 사람을 놓친다. 육아에서는 더욱 절실하다. 완벽한 부모가 되려다 먼저 무너지는 경우가 많다. 아이가 밥을 흘리면 대충 닦고 넘어가는 게 낫다. 매번 완벽히 치우다 보면 부모가 탈진한다. 자기 관리도 마찬가지다. 운동, 독서, 식단, 취미를 모두 완벽히 하려다 결국 아무것도 못 하는 경우가 흔하다. 주 3회 운동, 한 달에 책 한 권, 주말에 맛난 음식 한 번이면 충분하다. 이런 대충이야말로 오래가는 힘이다.

결국 대충은 게으름이 아니라 전략이다. 대충 한다는 말에 상처받을 필요가 없다. 대충이란 포기가 아니라 선택이다. 할 수 있는 걸 다 하려는 것이 아니라, 진짜 중요한 것을 위해 나머지를 가볍게 다루는 것이다. 우리는 모두 한정된 시간과 에너지를 가진 존재다. 따라서 살아남기 위해서는 전략적으로 대충 할 수 있어야 한다. 그러니 이제 누가 "너 왜 이렇게 대충 하냐?"라고 물으면 이렇게 속으로 대답하면 된다. "아니요, 대충 하는 게 아니라 전략적 선택을 하는 거예요."

4

그까이꺼 그냥 대충 하면 된다

'그까이꺼 그냥 대충.' 충청도 사투리다. 개그맨 장동민이 〈봉숭아학당〉에서 유행시킨 말이다. 얼핏 들으면 대충대충 살라는 이야기 같지만, 그 속엔 다른 뉘앙스가 있다. 힘을 빼고, 겁먹지 말고, 일단 뭐라도 해보라는 뜻이다. 문제는 대부분의 사람들이 반대로 산다는 거다. 시작도 하기 전에 계획부터 세운다. 노트에 적고, 표를 만들고, 자료를 찾는다. 그러다 시간이 훌쩍 간다. 그러고는 아직 준비가 안 되었다며 자기 위안을 한다. 결과는 뻔하다. 실행은 없고, 후회만 남는다.

영어 공부를 예로 들어보자. 많은 사람들이 책장에 영어책 한 권쯤 꽂아둔다. 교재는 새것 그대로, 책상 위에 먼지만 쌓여간다. 이유는 간단하다. '좋은 교재를 찾아야지.'라며 비교만 하다가 끝나버린다. 결국 몇 주가 지나도 입에서 나오는 건 '굿모닝' 한마디이다. 반면 어떤 이는 유튜브에서 본 대로 어설프게 따라 한다. 발음은 서툴지만, 이미 몇 문장은 자기 것이 되어 있다. 완벽을 기다린 사람은 제자리걸음이고, 대충 시작한 사람은 벌써 앞으로 가 있다. 운동도 마찬가지다. 사람들은 운동을 '프로젝트'처럼 준비한다. 운동화, 운동복, 보충제, 헬스장 등록… 준비만 하다 체력이 빠진다. 반면 어떤 사람은 늘어난 티셔츠에 슬리퍼를 신고 집 앞 공원을 돈다. 옆에서 보면 대충이지만, 결과는 정반대다. 그 사람은 실제로 운동을 한다. 준비만 한 쪽은 여전히 의자에 앉아 있다.

새로운 시도를 할 때마다 비슷한 패턴이 반복된다. 블로그를 하고 싶다고 마음먹는다. 그런데 글 솜씨가 부족하다, 사진이 흔들린다, 주제가 없다, 이런 이유로 미룬다. 결국 시작조차 못 한다. 반면 대충이라도 시작한 사람은 오늘 점심에 먹은 김치찌개 사진을 올린다. 글은 서툴지만, 이미 블로그는 개설됐다. 차이는 단순하다. 한쪽은 머릿속에서만 맴돌고, 다른 한쪽은 실행으로 옮겼다는 것. 이건 단순한 습관 문제가 아니다. 완벽주의의 덫이다. 우리는 '완벽하게 준비된 상태'에서만 시작해야 한다고 배웠다. 하지만 세상에 그런 조건은 없다. '완벽한 준비'라는 건 실은 끝없는 지연의 핑계다. 실제로 이런 대화가 자주 벌어진다.

"나 유튜브 시작하고 싶은데, 카메라는 뭐가 좋지? 편집 프로그램은? 조명도 사야 할까?"
"그냥 네 핸드폰으로 찍어서 올려봐."

"그래도 기본은 갖춰야지. 허접하게 보이면 어떡해."
"그냥 대충 빨리 시작해."

대충의 가치는 바로 여기 있다. 일단 실행하게 만든다는 것. 엉성한 첫발을 떼는 순간, 이미 남들과는 다른 길 위에 서게 된다. 책 쓰기도 비슷하다. 작가들은 첫 문장을 쓰는 것이 가장 어렵다고 한다. 완벽한 문장을 쓰겠다고 고민하다가 하루를 날린다. 하지만 대충이라도 쓰기 시작하면 이상하게도 다음 문장이 따라온다. 수정할 게 생기고, 고칠 여지가 보인다. 대충이 결국 글을 앞으로 끌고 간다.

실리콘밸리의 창업자들은 시장에 내놓고 욕먹는 게, 책상 위에서 계획만 하다 사라지는 것보다 낫다고 말한다. 그래서 '최소 기능 제품'이라는 개념이 나왔다. 기능은 빈약하고 디자인은 투박하지만, 어쨌든 시장에 나온다. 그제야 고객 반응이 보이고, 개선할 포인트가 드러난다. 완벽을 기다린 기업은 사라지고, 대충이라도 시작한 기업은 살아남는다. 스포츠 선수들도 마찬가지다. 야구 선수가 타석에 들어서기 전까지 아무리 스윙을 연습해도 결과는 없다. 공을 맞혀야 데이터가 쌓인다. 타율은 연습장에서 계산되지 않는다. 대충이라도 스윙을 휘둘러야 한다. 일상도 크게 다르지 않다. 누군가는 요리를 배워보겠다고 결심한다. 그러나 레시피, 도구, 재료까지 완벽히 준비하려다 결국 배달 앱을 연다. 반면 누군가는 대충 냄비에 파와 계란을 넣고 끓인다. 맛은 엉망일 수 있다. 하지만 그 사람은 이미 요리를 했다. 오늘은 간이 안 맞아도, 내일은 조금 더 나아진다.

　대충의 미학은 실패를 가볍게 만든다. 완벽을 목표로 한 사람은 작은 실패에도 좌절한다. 하지만 대충으로 시작한 사람은 실패를 경험으로 여긴다. 부담이 없으니 다시 도전할 수 있다. 실패가 쌓여도 그 자체가 자산이 된다. 생각해 보면 우리 인생의 많은 기술이 다 그렇다. 운전을 배울 때도 처음부터 완벽하게 차선을 지키는 사람은 없다. 브레이크를 헷갈리고, 엑셀을 밟아버리고, 깜빡이를 잊는다. 하지만 도로 위에 나서야 감이 생긴다. 강사가 옆에서 "괜찮아, 대충 감 잡아."라고 말하는 것도 그 때문이다.

　대충은 무책임이 아니다. 오히려 책임감을 행동으로 옮기는 방식이다. 머릿속에만 있는 목표는 아무 의미 없다. 대충이라도 시작하는 순간, 그것은 현실이 된다. 뛰어난 성과를 낸 사람들의 공통점은 단순하다. 완벽한 준비가 아니라 빠른 실행이다. 그들은 머뭇거리지 않는다. '대충이라도 해보자.' 하고 부딪친다. 그리고 고치고 또 고치면서 나아간다. 생각만 하다 끝내지 말자. 그까이꺼 그냥 대충 해보자. 실패해도 괜찮다. 어차피 대충 시작했으니 부담도 적다. 하지만 그 대충이 쌓이면 어느 순간 놀라운 결과가 된다. 그리고 그 순간 우리는 깨닫는다. 처음의 '대충'이 사실은 가장 현명한 선택이었다는 것을.

5

장인 정신의 함정

일본에 가면 늘 놀라운 장면을 마주한다. 골목 어귀에서 100년이 넘은 가게가 버티고 있는 걸 쉽게 볼 수 있다. 몇 대째 이어져 내려오며 같은 음식, 같은 기술, 같은 방식을 고집한다. 그 집 장어덮밥은 증조할아버지가 팔던 맛 그대로고, 그 집 칼은 3대째 똑같은 방식으로 갈린다. 우리 눈에는 참 대단해 보인다. 부럽기도 하다. '이게 바로 장인정신이구나.' 일본은 장인정신의 나라다. 장인은 평생 하나만 파고든다. 칼만 갈고, 가죽만 두드리고, 국수만 뽑는다. 단순한 집착이 아니라, 그게 삶의 전부다. 한 분야에서 완벽을 추구하는 자세. 듣기만 해도 고개가 끄덕여진다. 하지만 장인정신은 언제나 좋은 것일까? 여기에는 함정이 있다.

장인정신은 사실 근대 이후 생겨난 가치가 아니다. 뿌리를 따라가면 에도시대까지 올라간다. 그때 일본은 철저한 신분사회였다. 농민은 농민, 상인은 상인, 무사는 무사. 한 번 정해진 신분은 바꿀 수 없었다. 아버지가 목수면 아들도 목수, 손자도 목수였다. 직업을 바꾼다는 건 꿈조차 꾸지 못했다. 그러다 보니 사람들은 한 가지 기술만 파고들 수밖에 없었다. 그것이 시간이 지나면서 '장인정신'이라는 이름으로 포장된 것이다. 문제는 시대가 바뀌었는데도 사고방식은 그대로라는 점이다. 일본 정치인들이 지역구를 대물림하는 걸 보라. '아버지가 의원이니 아들도 의원.' 신분제 문화의 그림자가 여전히 남아 있다. 세습 정치가 흔한 것도, 사실 그 뿌리를 거슬러 올라가면 에도시대식 고착 구조와 연결된다.

장인정신은 한 우물을 깊이 파는 태도다. 똑같은 동작을 수천 번 반복한다. 작은 실수도 용납하지 않는다. 완벽을 추구한다. 전통 칼을 만드는 장인은 1mm 차이도 허용하지 않는다. 국수를 뽑는 장인은 반죽의 온도를 손끝으로 구분한다. 분명 대단한 집중력이다. 하지만 이런 정신이 현대 사회에 꼭 맞을까? 현대 사회는 다르다. 한 분야만 잘해서는 버틸 수 없다. 변화가 너무 빠르다. 기술도, 문화도, 경제도 하루가 다르게 변한다. 스마트폰이 나오자 필름 카메라는 사라졌다. 인터넷 쇼핑이 커지자 전통 상점은 문을 닫았다. 세상은 융합과 변화를 요구한다. 다방면의 능력을 갖춘 사람이 유리하다. 한 분야만 파는 장인정신은 오히려 발목을 잡는다.

실제로 일본 경제가 정체된 이유도 이런 고집스러운 문화와 무관하지 않다. 일본은 한때 세계 경제 2위였다. "재팬 애즈 넘버 원." 모두가 그렇게 외쳤다. 하지만 30년 넘게 제자리다. 왜일까? 이유는 여러 가지지만, 그중 하나가 지나치게 경직된 장인정신이다. 일본 기업들은 '완벽한 제품'을 만들려다 변화의 타이밍을 놓쳤다. VHS 비디오, 워크맨, 피처폰… 다 일본이 앞섰지만, 스마트폰 혁명에서는 뒤처졌다. 반면 미국 기업들은 대충 내놓았다. 구글은 완벽한 검색엔진이 아니었지만 내놨다. 애플도 첫 아이폰은 지금 기준으로 보면 허술했다. 하지만 빠르게 개선했다. 일본식 장인정신이 '완벽할 때까지 기다리자.'라고 할 때, 실리콘밸리는 '일단 내놓고 고치자.'라고 했다. 결과는 우리가 아는 대로다.

문화도 비슷하다. 일본의 애니메이션은 세계적으로 유명하다. 하지만 내부를 들여다보면 제작 방식은 여전히 1970년대 수준이다. 수작업, 장시간 노동, 비효율. 장인정신 덕분에 섬세한 그림은 나오지만, 시스템 자체는 낡았다. 그래서 젊은 인재들이 떠난다. 완벽을 추구하는 문화가 새로운 세대를 지치게 만든다. 일본 사회를 여행해 보면 불편한 장면도 있다. 한 가게에 들어갔는데 메뉴가 하나뿐이다. "우리 집은 오직 소바만 팝니다." 맛은 기가 막히다. 그런데 문제는 다양성이 없다. 다른 걸 시도하지 않는다. 장인은 '나는 소바만 만든다.'라고 자부하지만, 손님은 가끔 다른 것도 먹고 싶다. 변화 없는 고집은 결국 고객을 떠나게 한다.

　이런 문화는 개인에게도 부담이 된다. 평생 한 가지 일만 해야 한다는 압박. 요즘 세상은 이직이 당연하고, 커리어를 여러 번 바꾸는 게 일반적이다. 하지만 일본에서는 여전히 '평생직장'이라는 말이 남아 있다. 회사에 충성하는 게 미덕이다. 새로운 분야로 뛰어드는 건 불성실하게 보인다. 장인정신의 그림자가 아직도 사람들을 옥죄고 있다.

　물론 장인정신의 장점도 있다. 퀄리티가 높다. 한 분야에 몰두한 사람의 결과물은 감탄을 자아낸다. 하지만 문제는 불균형이다. 오직 한 우물만 파다가 세상이 바뀌면, 그 기술은 한순간에 쓸모없어질 수 있다. 디지털카메라 시대가 오자 전통 카메라 장인들이 설 자리를 잃은 것처럼. 현대 사회는 다재다능함을 요구한다. 변화를 받아들이고, 상황에 맞게 방향을 바꿀 줄 알아야 한다. 장인정신의 '완벽'은 때로는 혁신의 적이다. 빠른 적응, 새로운 시도, 가벼운 변신. 이것이 지금 필요한 정신이다.

　일본이 요즘 발전하지 못하는 이유를 장인정신에서 찾는 학자들도 있다. 지나치게 꼼꼼하고 완벽주의적인 문화가 혁신을 가로막는다는 것이다. 실제로 일본 기업 회의는 길기로 악명 높다. 모두가 동의할 때까지 회의한다. 하지만 그 사이 다른 나라 기업은 벌써 실행에 들어간다. 완벽한 합의를 기다리다 타이밍을 놓치는 것. 장인정신도 양날의 검과 같다. 집착을 내려놓는 용기가 필요하다.

6

발표를 잘 하는 법

많은 발표자들이 착각한다. 무대에 오르면 자기 이야기만 열심히 전하면 된다고 믿는다. 그래서 원고를 빽빽하게 준비하고, 슬라이드를 100장쯤 만든다. 하지만 청중의 눈은 점점 흐려지고, 하품 소리가 강의실 곳곳에서 터져 나온다. 이유는 간단하다. 발표자가 청중을 보지 않고 자기만 보기 때문이다. 사람들이 발표에서 가장 많이 하는 실수는 청중의 마음을 헤아리지 않는 것이다. 대부분의 발표자는 '내가 하고 싶은 말'에만 집중한다. 하지만 정작 중요한 건 '청중이 듣고 싶은 말'이다. 아무리 좋은 내용, 탄탄한 구성이라도 청중의 마음을 얻지 못하면 그 발표는 실패다.

내가 전공의 시절 존경하던 스승 S 교수님의 이야기가 있다. 교수님은 정신의학계에서 이름난 분이고, 저서 『신영철 박사의 그냥 살자』로 많은 독자들에게 깊은 울림을 주셨다. 삶이 버겁다고 느낄 때 꼭 한 번 읽어볼 만한 책이다. 그런 분이기에 '완벽한 발표란 무엇인가?'라는 질문에 어떤 대답을 하실지 늘 궁금했다.

어느 날 교수님이 흥미로운 경험담을 들려주셨다. 예전에 특정 제약 회사가 주최한 심포지엄에서 발표를 맡으셨다고 한다. 항우울제에 대한 강연을 부탁받아 꼼꼼히 자료를 준비했다. 그런데 현장에서 변수가 생겼다. 앞 발표자가 너무 길게, 너무 지루하게 발표한 것이다. 청중들은 이미 탈진 상태였다. 게다가 교수님 발표가 끝나야 점심을 먹을 수 있었다. 분위기를 상상해 보라. 청중들의 머릿속은 항우울제가 아니라 점심 생각으로 가득했을 것이다.

그 순간 교수님은 판단했다. '지금 이 상황에서 내가 준비한 슬라이드를 다 보여주면? 망한다.' 그래서 단상에 올라 단 한 문장을 말했다. "제가 이 약을 써보니까 정말 좋은 것 같습니다. 발표는 이것으로 마치겠습니다." 잠시 정적이 흐른 뒤, 강의실은 폭발적인 박수와 환호로 뒤덮였다. 사람들은 일제히 자리에서 일어나 박수쳤다. 교수님은 웃으며 살면서 이렇게 큰 환호를 받은 발표는 처음이었다고 말씀하셨다. 교수님은 준비한 발표 자료를 모두 포기했다. 단 한 문장으로 발표를 끝냈다. 그러나 그 한 문장이 상황에 맞는 최고의 메시지였다. 청중이 진정으로 원했던 건 점심시간이었다. 이 일화가 주는 교훈은 명확하다. 완벽한 발표란 내용의 완벽함에 있지 않다. 청중의 현재 상태를 정확히 읽고 거기에 맞추는 것. 이게 진짜 완벽한 발표다.

발표자들은 두 가지 유혹에 빠진다.

첫째, 준비한 내용을 하나도 빠짐없이 전하고 싶은 욕심.
둘째, 남들에게 인정받고 싶은 허영심.

그래서 발표를 길게 끌고 간다. 하지만 청중은 발표자의 열정을 다 받아줄 만큼 한가하지 않다. 그들은 언제나 '지금 이 순간 내가 뭘 원하나?'를 생각한다. 사람들의 집중력은 짧다. 보통 15분을 넘기면 급격히 떨어진다. 1시간짜리 발표를 준비했다면, 30분쯤부터는 절반 이상이 이미 마음속으로 자리를 떠난다. 그래서 완벽한 발표자는 자기만족을 내려놓는다. 슬라이드를 아끼는 대신, 청중의 눈빛을 살핀다. 지루해하면 줄이고, 웃으면 조금 늘리고, 졸리면 끝낸다.

사실 발표는 연애와 비슷하다. 상대방의 반응을 읽고 맞춰주는 것이 핵심이다. 상대방이 피곤해 죽겠는데 꽃다발을 건네며 장황한 고백을 한다면? 고맙긴커녕 짜증만 난다. 발표도 같다. 청중이 지쳐 있는데 슬라이드 50장 더 보여주면 그건 고문이다. 완벽한 발표란 청중과의 '대화'다. 일방적으로 쏟아내는 게 아니다. 눈치를 보고, 그 순간 필요한 걸 건네야 한다. S 교수님이 박수를 받은 이유도 바로 그 눈치였다.

준비한 내용을 과감히 내려놓고, 지금 청중이 원하는 단 한 줄을 건넸기 때문이다.

많은 발표자들은 여전히 오해한다. '내가 준비한 게 많으니, 다 보여줘야 한다.' 하지만 발표는 시험이 아니다. 정답을 다 맞히는 게 목표가 아니다. 청중의 마음에 남는 게 있어야 한다. 때로는 한 문장이, 때로는 짧은 에피소드가, 훌륭한 논문보다 강력하다. 실제로 인터넷에서 가장 인기 있는 강의 영상들은 짧고 간결하다. 20분 안에 핵심을 던지고 끝낸다. 유머를 섞고, 청중의 상태를 고려한다. 반면 자료를 과하게 보여주는 발표는 조회수조차 오르지 않는다. 사람들은 완벽한 콘텐츠를 원하지 않는다. 재미, 공감, 그리고 딱 맞는 타이밍을 원한다.

여기서 중요한 단어가 하나 있다. 바로 '눈치'다. 청중의 표정, 자세, 반응을 읽는 능력. 웃음이 줄어드는 순간, 에너지가 떨어지는 순간, 몸을 비트는 순간을 포착하는 눈치가 필요하다. 완벽한 발표자는 눈치가 빠르다. 원래 준비한 말을 중간에 덜어내고, 대신 청중이 반응할 만한 걸 즉석에서 던진다. 눈치는 노력으로 기를 수 있다. 청중을 자주 경험하면, 자연스레 읽을 수 있다. 처음엔 어렵다. 하지만 반복하다 보면 '아, 지금은 자료를 줄여야겠다.'라는 감각이 생긴다. 이게 바로 진짜 실력이다.

결국 완벽한 발표란 슬라이드를 몇 장 준비했는지가 아니다. 청중의 현재 상태를 아는 것, 그리고 그들이 원하는 걸 눈치껏 전달하는 것이다. 준비는 필요하다. 그러나 준비보다 더 중요한 건 유연함이다. 청중이 지쳐 있으면 짧게, 집중하고 있으면 깊게, 배고프면 빨리 끝내야 한다. 완벽한 발표자는 자기 자랑을 늘어놓는 사람이 아니다. 청중의 마음을 먼저 읽고 거기에 맞추는 사람이다. 자기만족은 버리고 눈치를 챙기는 사람. 그게 진짜 완벽한 발표다.

7

'에라 모르겠다'의 힘

골프를 잘 치는 방법은 뭘까? 솔직히 나는 모른다. 나는 프로 골퍼가 아니다. 실력도 그저 그런 아마추어다. 드라이버는 오비가 나고 아이언은 종종 뒤땅을 친다. 그러니 진짜 골프 실력을 늘리고 싶다면? 가까운 레슨프로를 찾아가는 게 가장 현명하다. 거기 가면 스윙 각도, 체중 이동, 손목 각도 같은 걸 세세히 알려줄 것이다. 나는 그런 건 모른다. 대신 내가 아는 건 딱 하나다. 완벽주의로는 골프가 절대 늘지 않는다는 것이다.

얼마 전 친구와 골프 라운딩을 나간 적이 있다. 그 친구는 이제 막 골프를 시작했다. 그런데 시작할 때부터 뭔가 심상치 않았다. 라운딩 약속을 잡기 전부터 카톡이 폭탄처럼 날아왔다. '요즘 OOO 이론에 입각한 골프 스윙을 한다.'는 둥, '프로 선수들이 이렇게 스윙을 한다더라.'는 둥. 나는 속으로 생각했다. '와, 이제 갓 골프 시작했는데 벌써 이론에 빠져버렸네.' 라운딩 날 아침, 락커룸에서 친구를 보자마자 웃음이 터질 뻔했다. 머리부터 발끝까지 T사 브랜드 풀세트였다. 그 브랜드는 선수들이 즐겨 입는 고가 브랜드다. 모자, 셔츠, 바지, 심지어 양말까지 T사였다. 골프채도 T사였다. 그것도 아마추어용이 아니라, 프로 선수들이나 써야 할 고사양 채였다. 골프장비는 이미 투어급이었다. 동반자들도 순간 움찔했다. '와, 저 친구 고수인가 보다.'

하지만 문제는 티샷이었다. 드라이버를 손에 쥔 순간, 친구의 진짜 모습이 드러났다. 사실 그 친구는 예전부터 심각한 완벽주의 성향이 있었다. 시험 볼 때도 답안지를 열 번 검토하다 시간을 놓치던 타입이다. 그런 성향이 골프 티샷에서도 그대로 드러났다. 공 앞에 서서 어드레스를 잡는데 시간이 너무 길었다. 머릿속으로 스윙 이론을 곱씹는 듯 보였다. '백스윙은 어깨를 이렇게… 임팩트는 허리를 이렇게… 팔로스루는…' 그의 표정은 심각했다. 그런데 공은 가만히 있었다. 사람들은 뒤에서 속으로 외쳤다. "제발 좀 쳐라."

결과는 어땠을까? 첫 티샷에서 공을 맞히지도 못했다. 에어샷이었다. 그 뒤로도 샷이 흔들리고, 공은 오른쪽 숲으로, 왼쪽 러프로 날아갔다. 전반 9홀 내내 그는 울상이었다. 머릿속에 이론이 너무 많아 스윙이 늦어지고, 경기 운영까지 방해가 될 정도였다. 동반자들은 기다리다 지쳤고, 친구는 얼굴이 점점 굳어갔다.

9홀이 끝나고 잠시 그늘집에 앉아 음료수를 마셨다. 나는 그에게 조언을 했다. "야, 그냥 아무 생각 없이 쳐. '에라 모르겠다.' 하고 휘둘러. 너무 생각하지 마." 그 말을 듣고 친구는 씩 웃었다. 후반 9홀, 놀라운 변화가 있었다. 그는 머뭇거리지 않았다. 공 앞에서 고민하지 않았다. 그냥 툭툭 쳤다. 스윙이 훨씬 간결해졌다. 결과도 좋아졌다. 드라이버는 페어웨이를 찾기 시작했고, 아이언도 제대로 맞았다. 퍼팅도 훨씬 부드러워졌다. 얼굴에 웃음이 돌아왔다.

골프 스윙은 1초도 안 걸린다. 그 짧은 순간에 머릿속에서 이론을 다 적용하는 건 불가능하다. '백스윙은 헤드가 돌아가지 않게 하기, 임팩트 때는 손목이 먼저, 팔로스로우는 길게…' 이런 걸 다 하다 보면 이미 공은 날아가 버린다. 결국 완벽주의가 골프를 망친다. 재미있는 건, 골프뿐 아니라 인생도 비슷하다는 거다. 머릿속에 생각이 많으면 행동이 늦다. 행동이 늦으면 기회를 놓친다. 완벽을 추구하다가 결국 아무것도 못 하게 된다. 공 하나 치는데도 이렇게 힘든데, 인생의 큰 결정은 어떻겠는가.

골프장에는 이런 부류가 많다. 장비는 투어급, 자세는 교과서, 하지만 스코어는 형편없다. 이유는 단순하다. 머리로는 프로인데, 몸은 초보라서다. 반대로 어떤 아저씨는 허름한 장비를 쓰고, 자세도 엉성한데 스코어는 준수하다. 이유는 또 단순하다. 그는 고민하지 않고 그냥 휘두른다. 완벽주의자들은 늘 말한다. '다 준비가 돼야 한다.' 하지만 골프는 준비보다 실행이 중요하다. 프로들도 완벽한 샷은 드물다. 티 샷은 페어웨이 옆 러프로 가고, 아이언은 짧거나 길다. 그럼에도 프로는 무너진 루틴을 빨리 잊고 다음 샷에 집중한다. 아마추어가 배워야 할 건 바로 그 태도다.

나는 그날 친구를 보며 다시 느꼈다. 골프를 잘 치는 방법은, 골프를 잘 치려고 하지 않는 것이다. 너무 잘하려는 순간 망한다. 오히려 '에라 모르겠다.'는 가벼운 마음으로 휘두르면 몸이 알아서 친다.

물론 기본기는 필요하다. 레슨프로에게 배우는 건 필수다. 하지만 그 기본기를 몸에 익힌 뒤에는 머리를 비워야 한다. 골프장에서 이론을 떠올리면 망한다. 그건 마치 운전하면서 자동차 매뉴얼을 펼쳐 보는 것과 같다. 이미 도로 위에서는 책이 아니라 감각이 필요하다. 인생도 마찬가지다. 시험, 연애, 결혼, 사업… 모든 순간에 완벽을 추구하다가는 출발조차 못 한다. 때로는 '에라 모르겠다.'는 태도가 기적을 만든다. 골프 코스에서 공이 홀컵에 빨려 들어가는 순간처럼 말이다.

그날 라운딩 이후, 내 친구는 조금 달라졌다. 그는 여전히 T사 옷을 입고, T사 채를 쓴다. 하지만 이제는 샷을 망쳐도 크게 웃는다. '에라 모르겠다. 다음 홀에서 잘 치면 되지 뭐.' 여유가 생기자 실력도 조금씩 늘고 있다. 그래서 나는 이렇게 말하고 싶다. 골프를 잘 치는 방법?

레슨프로에게 배우라. 하지만 라운딩에서 잊지 말아야 할 건 딱 하나다. 완벽주의를 버리고, '에라 모르겠다.' 하고 치는 것. 그게 가장 확실한 비법이다.

제3부

대충 선택하고 포기하는 법

Good Enough Wins

효율은
선택의 질에서 나온다

대충 먼저 보고 가자

1. 성과는 '얼마나 집중하느냐?'가 아니라 무엇을 버리고 어디에 집중할지 고르는 선택의 질에 달려 있다.
2. 매몰비용과 체면은 신경 쓰지 말고 틀린 신호에서 신속히 손절하는 '좋은 포기'가 새로운 기회를 연다.
3. 계획 집착을 내려놓고 상황에 맞춰 수시로 수정 및 선회하는 유연함이 실행을 살린다.
4. 과도한 통제는 번아웃과 관계 악화를 초래한다. 혼자하기 보다는 남에게 위임하는 것이 현명하다.
5. 해야 할 것과 하지 않아도 되는 것을 잘 파악하는 '똑똑한 게으름'이 오래가는 효율을 만든다.
6. 기준 없이 바쁘기만 하고 책임은 회피하는 리더를 경계하자.

1

집중보다는 선택이 중요하다

우리는 '선택과 집중'이라는 말을 자주 쓴다. 하지만 실제로는 '집중'에만 매달린다. 무조건 열심히만 하면 된다는 식이다. 열심히는 한다. 그런데 결과는 없다. 이유는 단순하다. 무엇을 버릴지, 어디에 집중할지를 정하지 못했기 때문이다. 사람에게 주어진 시간과 에너지는 한정돼 있다. 무제한으로 충전되는 게 아니다. 아무 데나 집중한다고 성과가 나는 것도 아니다. 결국 중요한 건 집중 그 자체가 아니라, 어디에 집중할지를 결정하는 선택이다.

유능한 사람은 집중력이 뛰어난 사람이 아니다. 불필요한 걸 과감하게 버릴 줄 아는 사람이다. 집안 정리를 떠올려 보자. 청소에서 제일 중요한 건 청소기를 돌리는 게 아니다. 먼저 버릴 걸 버리는 일이다. 필요 없는 걸 버리지 못하면, 집은 금세 쓰레기더미가 된다. 정리 자체가 불가능해진다. 삶도 마찬가지다. 선택하지 못하고 다 붙잡으려

하면 결국 무질서해진다.

　회사에서도 흔히 볼 수 있다. 하루 종일 바쁘게 일했는데, 정작 중요한 보고서는 손도 못 댄 사람. 다 중요한 일이라며 닥치는 대로 처리하다가, 진짜 중요한 건 놓쳐버린다. 결국 바쁜데도 성과는 없다. 반대로, 덜 중요한 걸 미리 정리하고 중요한 일에만 에너지를 쏟는 사람은 훨씬 더 효율적이다. 이 원칙은 일상에도 그대로 적용된다. 냉장고만 봐도 그렇다. 이것저것 쌓아두면 가득 차지만, 정작 먹을 건 없다. 유통기한 지난 반찬이 자리를 차지해 신선한 걸 넣을 곳이 없다. 선택하지 못하면 결국 냉장고는 쓰레기통이 된다. 스마트폰도 마찬가지다. 필요 없는 앱을 다 깔아 두면 배터리는 빨리 닳고, 화면은 복잡하고, 정작 필요한 앱은 찾기 어렵다. 삭제해야 집중이 가능하다.

　공부도 그렇다. 모든 과목을 완벽히 하려는 학생이 있다. 국어, 영어, 수학, 과탐, 사탐, 예체능까지 다 잘하려고 한다. 결과는? 평균은 높을지 몰라도, 결정적인 순간에 밀린다. 반대로 선택할 줄 아는 학생은 필수 과목에 집중하고 나머지는 최소한만 챙긴다. 그 학생이 결국 상위권에 오른다. 회사도 다르지 않다. '이건 안 하겠습니다.'라고 말할 줄 아는 사람이 성과를 낸다. 버릴 걸 버리는 용기, 그게 능력이다.

문제는 선택이 두렵다는 것이다. 무언가를 버린다는 건, 가능성을 하나 포기하는 일이니까. 그래서 사람들은 선택을 미룬다. '언젠가 다 할 수 있지 않을까?'라는 환상 속에 머문다. 하지만 선택을 미루면 결국 시간과 상황이 우리 대신 선택한다. 그때는 이미 늦다. 스티브 잡스는 말했다. "집중이란, 무엇을 할 것인가가 아니라 무엇을 하지 않을 것인가를 고르는 것이다." 결국 선택이 본질이라는 얘기다.

삶은 끊임없는 선택의 연속이다. 점심 메뉴를 고르는 것도 선택이고, 어떤 프로젝트에 시간을 쓸지 결정하는 것도 선택이다. 선택을 못하면 집중은 흩어진다. 시간과 에너지가 갈라져 버린다. 반대로, 선택할 줄 아는 사람은 다르다. 중요한 것과 그렇지 않은 것을 구분하고, 본질에만 집중한다. 그래서 같은 시간을 써도 훨씬 큰 성과를 만든다. 삶의 질은 노력의 양으로 결정되지 않는다. 선택의 질로 결정된다. 무엇을 붙잡고, 무엇을 버릴 것인가. 그 선택이 결국 삶을 만든다.

그래서 말하고 싶다. "집중만 하지 말고, 먼저 선택부터 하라." 버릴 걸 버리는 용기, 그것이야말로 인생에서 가장 중요한 기술이다. 완벽한 집중은 현명한 선택에서 시작된다.

2

포기를 잘하는 것도 능력이다

'포기를 모르는 남자' 만화 슬램덩크의 정대만을 두고 하는 말이다. 쉽게 무너지지 않고 끝까지 버티는 그의 모습은 많은 사람들에게 깊은 인상을 남겼다. 우리 사회도 이런 태도를 미덕으로 삼는다. '열 번 찍어 안 넘어가는 나무 없다.', '포기하지 않으면 반드시 된다.' 너무 익숙한 말들이다. 하지만 정말 그럴까? 포기를 모르는 게 언제나 옳을까? 끝까지 매달리면 반드시 성공할까? 현실은 그렇게 단순하지 않다. 세상에는 아무리 해도 안 되는 일이 있다. 방향이 잘못됐거나, 조건이 안 맞거나, 애초에 본인에게 맞지 않는 일일 수도 있다.

역사 속 사례들을 보자. 에디슨은 직류 전기 방식을 끝까지 고수했다. 테슬라의 교류 방식을 위험하다며 공격했지만, 결국 전 세계는 교류를 선택했다. 끈기는 대단했지만, 고집은 더 큰 손실을 불렀다. 중세 연금술사들도 마찬가지다. 납을 금으로 만들겠다며 평생을 쏟아부

었지만, 끝내 실패했다. 현대 화학의 밑거름이 되긴 했지만, 그들이 원했던 '진짜 금'은 얻지 못했다. 영국 자동차 산업 역시 변화하는 기술을 거부하다가 일본과 독일에 밀려 쇠락했다. 포기를 몰랐던 태도가 오히려 몰락을 불렀다.

이런 모습은 오늘날 우리 주변에서도 흔하다. 사업이 잘 안 되는데도 몇 년째 붙드는 사람들이 있다. 이미 손해만 나는데도 '여기까지 온 게 아까워서'라는 이유로 놓지 못한다. 남들이 실패자로 볼까 두렵기도 하다. 하지만 진짜 용기는 내려놓는 데 있다. 포기는 언제나 패배가 아니다. 더 나은 길로 가기 위한 선택일 수 있다.

왜 우리는 포기를 힘들어할까?

첫째, 이미 투자한 게 아까워서다. 이른바 '매몰비용의 함정'이다.
둘째, 포기하면 남들이 뭐라고 할까 두렵다. 실패자라는 말이 싫은 거다.
셋째, 스스로를 속인다. 조금만 더 하면 되는 것보다 사실은 조금 더 해도 안 되는 경우가 많다.

연애도 그렇다. 연락이 끊긴 상대에게 끝없이 매달리는 건 사랑이 아니라 집착이다. 빨리 정리해야 새로운 인연이 생긴다. '사랑은 인내'

라고 하지만, 때로는 '사랑은 탈출'이 더 맞다. 투자도 다르지 않다. 떨어지는 주식을 붙들고 언젠가는 오르겠지라며 기다리다 손해만 키운다. 고수들은 말한다. '잘 버는 것보다 잘 손절하는 게 실력이다.' 포기도 능력이다. 취미도 비슷하다. 피아노, 골프, 와인, 자격증… 다 해보겠다고 붙들면 결국 시간만 부족하다. 차라리 하나는 포기하고 진짜 즐길 수 있는 걸 붙드는 게 낫다. 얕게 여러 개보다는 깊게 하나가 만족을 준다.

스포츠도 그렇다. 테니스 선수는 어떤 공은 아예 쫓지 않는다. '저건 못 친다.' 하고 버린다. 농구 선수도 불리한 상황이면 파울을 해서 흐름을 끊는다. 모든 걸 다 가져가려다 무너지는 것보다, 하나를 포기하고 다음 기회를 준비하는 편이 낫다. 등산도 그렇다. 날씨가 나쁘면 정상에 오르겠다는 집착을 버리고 내려오는 게 현명하다. 포기가 곧 생존이 되는 순간도 있다. 게임도 마찬가지다. 온라인 게임에서 판이 기울면 'GG' 치고 나오는 게 전략이다. 괜히 끝까지 버티다 시간만 낭비한다.

포기를 못 하는 건 체면 문제이기도 하다. '끝까지 해내야 멋있는 거다.' 하지만 사실은 아니다. 끝까지 붙들다 망하는 게 더 어리석다. 오히려 빨리 포기하는 쪽이 더 멋있을 때가 많다. 왜냐면 그만큼 판단력이 있다는 뜻이니까. 물론 포기는 아무 데서나 하면 안 된다. 작은 어려움에 쉽게 포기하는 건 성장의 기회를 잃는 것이다. 도전은 필요하고, 실패는 경험이 된다. 하지만 분명히 틀렸다는 신호가 반복된다면, 그건 버티는 게 아니라 미련이다. 인생은 짧고, 시간은 소중하다. 안 되는 일에 에너지를 쏟느라 진짜 기회를 놓치지 말아야 한다.

결국 중요한 건 '포기하지 말자.'가 아니라 '잘 포기하자'이다. 무엇을 붙잡고, 무엇을 내려놓을지 아는 힘. 스스로를 속이지 않고, 상황을 인정할 줄 아는 솔직함. 실패를 두려워하지 않고, 새로운 기회를 찾는 용기. 세상에는 멈춰야 더 나아지는 일이 많다. 포기는 끝이 아니다. 새로운 시작이다. 잘 포기할 줄 아는 사람만이 다시 뛸 수 있다.

3

누구에게나 그럴싸한 계획은 있다

'누구에게나 그럴싸한 계획은 있다. 처맞기 전까진.' 이 말은 전설적인 복서 마이크 타이슨의 유명한 어록이다. 상대가 경기 전에 아무리 치밀하게 전략을 짜와도, 링 위에서 주먹 한 방 맞는 순간 모든 게 무용지물이 된다는 얘기다. 실제로 그는 압도적인 힘과 스피드로 상대가 세운 계획을 단 몇 초 만에 날려 버렸다.

이 말은 비단 복싱에만 해당되지 않는다. 우리의 삶도 똑같다. 하루치 일정표, 3개월 프로젝트, 10년 인생 설계… 처음에는 그럴싸하다. 칸칸이 채워진 표를 보며 뿌듯해진다. 그런데 막상 실행에 들어가면 상황은 달라진다. 예기치 못한 변수, 갑작스러운 외부 개입, 그리고 내 마음의 변화까지. 현실은 늘 계획 바깥에 있다. 너무 치밀한 계획은 오히려 독이다. 일정이 조금만 틀어져도 불안해진다. 계획이 흔들리면 나도 흔들린다. 결국 문제는 계획이 아니라 계획에 대한 집착이다.

계획이 틀어지는 순간, 어떤 사람은 유연하게 대응하지만, 어떤 사람은 무너진다. 차이는 유연성이다. 회사에서도 이런 풍경은 흔하다.

"이번 프로젝트 정말 완벽하게 준비했어. 일정표 다 짰고, 변수도 다 대비했어."
"근데 표정이 안 좋은데?"
"갑자기 팀장님이 일정을 변경하라고 하시네. 계획을 다시 짜느라 오늘도 야근해야 할 것 같아."
"그럼 조금만 바꾸면 되는 것 아니야?"
"내가 일정을 너무 빡빡하게 짜놔서, 하나만 어긋나도 전체를 다 고쳐야 해."

이런 경우가 많다. 문제는 개인만이 아니다. 조직 전체가 '계획 중심 사고'에 빠지면 변화에 대처하지 못한다. 반대로 큰 틀만 정해두고, 안에서 유연하게 움직이는 팀은 속도도 빠르고 스트레스도 적다. 방향은 있지만 길은 유동적이다. 계획은 나침반이지 지도는 아니다. 어느 방향으로 가야 할지는 알아야 한다. 하지만 그 길을 어떻게 갈지는 상황에 따라 바뀔 수 있어야 한다. 정해진 길만 고집하면, 오히려 새로운 기회를 놓친다.

여행을 예로 들어보자. 한 친구가 일본 여행을 다녀왔다. 기대가 컸다. 음식도 맛있고, 경치도 좋았다고 했다. 그런데 결론은 이랬다. "솔직히 힐링이 아니라 출장 같았어." 알고 보니 그는 몇 달 전부터 계획을 짰다. 시간 단위로 일정표를 만들고, 식당 예약하고, 교통편까지 다 정했다. 그런데 문제는 현실이 계획대로 흘러가지 않는다는 거다. 기차가 늦게 오고, 길을 잃고, 예약한 식당에 제때 도착하지 못했다. 그러자 계획이 엉키면서 스트레스가 폭발했다. 여행이 아니라 오히려 업무 모드였다. 여행은 즐기러 가는 건데, 계획이 빡빡하면 오히려 피곤해진다. 계획은 원래 목적을 위한 수단인데, 어느 순간부터 계획 자체가 목적이 된다. '얼마나 잘 놀았나?'가 아니라 '계획을 얼마나 잘 지켰나?'로 여행의 성패를 평가한다. 주객이 뒤바뀐 것이다.

우리도 종종 이런 실수를 한다. 계획을 세우는 건 좋다. 하지만 그 계획에 집착하면, 작은 어긋남도 큰 고통이 된다. 예정보다 늦게 움직였다는 이유로 하루가 망가지고, 예약한 식당에 못 갔다는 이유로 기분이 상한다. 그러면 여행은 물론이고, 인생 전체가 피곤해진다. 가끔은 무계획이 낫다. 아니, 최소한 여유를 남겨두는 게 필요하다. 목적 없이 걷다가 우연히 들어간 골목에서 더 좋은 가게를 만날 수도 있다. 계획에 없던 휴식이 진짜 쉼이 되기도 한다. 예기치 못한 만남이나 풍경이 오히려 오래 남는 추억이 되기도 한다.

삶도 똑같다. 계획만 좇다 보면 현재를 못 느낀다. 순간을 즐길 여유가 없다. 계획을 세우되, 그 틀에서 벗어나도 괜찮다고 말할 수 있어야 한다. 그래야 여유가 생긴다. 진짜 삶은 계획 밖에서 벌어진다. 계획은 사람을 안심시킨다. 틀에 맞춰 움직이면 덜 불안하다. 그래서 작은 일에도 시나리오를 짠다. 그런데 그 계획이 어긋나면 불안이 폭발한다. 애초에 완벽하게 살겠다는 욕심이 불안을 만든다. 그럴 바엔 처음부터 조금 느슨하게 사는 게 낫다.

완벽한 계획보다 중요한 건 순간순간을 잘 살아내는 것이다. 때로는 무계획이 최고의 계획이 된다. 인생은 대본 없는 연극이다. 예상하지 못했기에 더 소중한 장면이 있다. 그 자유로움 속에서 진짜 즐거움이 피어난다. 마이크 타이슨의 말은 사실 삶 전체에 적용된다. 누구나 멋진 계획을 세운다. 하지만 현실이라는 주먹을 맞는 순간, 계획은 무너진다. 문제는 그때다. 당황하며 무너질 것인가, 아니면 웃으며 새로운 길을 찾을 것인가. 여행도 같다. 일정표대로 움직이다가 기차가 늦으면 화부터 난다. 하지만 '뭐, 이런 게 여행이지.' 하고 받아들이면 오히려 새로운 경험이 된다. 인생도 마찬가지다. 계획이 무너지는 순간이 진짜 재미가 시작되는 순간일 수 있다.

결국 중요한 건 유연함이다. 계획이 아니라 계획에 대한 태도다. 계획은 시작점이지 결승선이 아니다. 애초에 계획은 바뀌기 위해 존재한다. 그래서 이렇게 정리할 수 있다. 완벽한 계획보다는 괜찮은 실행이 낫다. 잘 짜인 계획보다 잘 움직이는 태도가 더 중요하다. 그리고 때로는, 무계획조차 나쁘지 않다.

4

다 혼자 할 필요는 없다

세상에는 모든 일을 스스로 해야 직성이 풀리는 사람들이 있다. '내가 안 하면 불안해서 못 살아.' 이런 사람들 말이다. 문서 작성도 내가, 약속 잡기도 내가, 심지어 집안 대청소까지 내가 다 짠다. 주변에서 도와주겠다고 해도 결과는 늘 같다. "아냐, 그냥 내가 할게." 겉으로 보면 부지런하고 책임감이 강한 사람처럼 보인다. 하지만 사실은 불안해서 그런 거다. 남이 하는 걸 못 믿는다. 결과가 예측 가능해야 마음이 놓인다. 그래서 모든 과정에 손을 대야 한다. 정신의학에서는 이를 '과도한 통제 성향'이라고 부른다.

「불안장애 저널(Journal of Anxiety Disorders, 2020)」의 연구에 따르면 이런 성향은 불안 장애와 관련이 있다. 통제를 위해 모든 걸 직접 챙기다 보니 오히려 스트레스와 번아웃이 찾아온다는 것이다. 또 다른 연구에서는 이 성향이 우울감과 자율성 상실로 이어진다고도 분석했다. '내가 다 한다.'는 태도가 사실은 자기 무덤을 파는 거다.

회사에서도 이런 유형은 곤란하다. 팀 프로젝트를 하면 다른 사람의 방식을 존중하지 못한다. 결국 본인 기준에 맞추려고 한다. 그러다 보니 모든 일을 떠안는다. 밤새 과로하거나 팀원들과 갈등을 빚는다. 특히 리더가 이런 스타일이면 더 심각하다. 팀의 창의성과 자율성을 억누른다. 동료들은 소외감을 느끼고, 조직 전체가 위축된다. 이런 사람을 '자기완결형 관리자'라고 한다. 모든 걸 혼자 하려다 결국 조직의 유연성과 효율성을 해치는 유형이다.

디지털 시대엔 이 성향이 더 심해진다. 검색만 하면 웬만한 정보는 다 나온다. 그러니 직접 알아봐야 한다는 강박이 강해진다. 유튜브, 블로그, SNS를 샅샅이 뒤져야 직성이 풀린다. 하지만 문제는 지금은 모든 걸 아는 능력보다 필요한 걸 골라내는 능력이 더 중요하다는 거다. 너무 많이 알면 오히려 방향을 잃는다. 이런 성향의 사람들은 결국 시간과 에너지를 잘못 쓴다. 중요한 일에는 집중하지 못한다. 주변을 못 믿으니 다 떠안는다. 그러다 보니 관계도 삐걱댄다. 함께 일하는 동료는 지치고, 가족은 숨 막힌다. 도와주려는 사람도 상처받는다. "내가 도와줄 필요가 없구나." 결국 공동체의 신뢰와 협력은 무너진다.

가정에서도 마찬가지다. 가족끼리 역할을 나눠야 하는데, 이들은 모든 걸 혼자 책임지려 한다. 아이가 할 수 있는 일도 대신한다. 배우자의 영역에도 간섭한다. 처음엔 가족을 위하는 것 같지만 시간이 갈수록 가족은 위축된다. 가정은 협력의 공간이 아니라 관리의 공간으로 바뀐다. 아이는 자율성을 잃고, 배우자는 답답해한다. "같이 사는 게 아니라 감시당하는 것 같다." 결국 관계가 멀어진다.

예를 들어 집안 청소를 할 때도 그렇다. 가족들이 도와주겠다고 나서면 오히려 잔소리가 늘어난다. "걸레는 그렇게 대각선으로 닦는 게 아니야, 일자로 닦아야지.", "청소기는 모서리부터 해." 결국 가족들은 지쳐 떨어져 나가고, 본인이 다시 다 한다. 그리고는 한숨 쉰다. "역시 내가 해야 돼." 하지만 가족들은 이렇게 생각한다. "그럼 당신이 평생 해." 결과는 다 같이 피곤해진다. 요리도 비슷하다. 누군가 도와주면 "양파는 그렇게 썰면 안 되지."라며 바로 개입한다. 결국 가족들은 손을 떼고, 본인은 부엌에서 혼자 땀 흘리며 불평한다. "도와주는 게 더 일이야." 사실은 본인이 일을 못 맡기는 성향 탓이다. 완벽을 원하는 마음이 오히려 협력을 깨뜨린다.

회사 보고서 작성도 다르지 않다. 상사가 글꼴, 줄 간격, 심지어 마침표 위치까지 간섭한다. 팀원들은 창의적으로 일할 기회를 잃는다. 반대로 큰 틀만 맞으면 된다고 말하는 상사는 팀원들의 자율성을 키운다. 어느 쪽이 오래 갈까? 답은 뻔하다. 이런 사람들에게 필요한 건 완벽이 아니라 위임이다. 때로는 다른 사람에게 맡겨야 한다. 그리고 실수를 받아들여야 한다. 실수는 성장의 일부다. 신뢰는 관계의 기반이다. 모든 걸 내가 해야 직성이 풀리는 성격은 결국 자기도 힘들고, 주변도 힘들게 한다. '내가 해야 한다.'는 생각이 오히려 효율을 떨어뜨린다. 진짜 자기 효율성은 타인과의 조화를 통해 극대화된다. 혼자 다 하는 게 아니라 함께할 때 더 커진다.

모든 걸 다 알 필요는 없다. 모든 걸 다 할 필요도 없다. 적당히 맡기고, 적당히 놓아야 한다. 완벽하지 않아도 괜찮다. 그것이 성숙의 시작이다. 불안을 통제하려다 인생을 놓치는 것보다, 조금 부족하고 어설퍼도 함께 살아가는 게 훨씬 낫다. 효율보다 여유, 완벽보다 신뢰가 더 큰 결과를 만든다. 협력은 타인을 믿는 데서 시작한다. 믿는 만큼 내 마음도 편해진다. 그리고 삶도 조금 더 부드러워진다.

적당히 맡기고, 적당히 놓아라. 완벽하지 않아도 괜찮다. 그게 성숙이다. 불안을 통제하려다 인생을 놓치지 말자. 조금 부족하고 어설퍼도 괜찮다. 함께 웃고, 함께 실수하고, 함께 살아가는 게 훨씬 낫다. 완벽보다 신뢰, 효율보다 여유. 이게 결국 오래 가는 길이다.

5

게으르게 사는 법

게으르게 살고 싶은 마음은 누구나 갖고 있다. 아침에 알람 소리가 울릴 때 제일 먼저 드는 생각은 '5분만 더…'다. 부지런하게 일어나 운동하고 책 읽는 사람도 있긴 하지만 그런 사람은 극소수다. 나머지는 그냥 눕고 싶다. 문제는, 그냥 게으르게 살면 인생이 망가진다는 데 있다. 그렇다고 너무 부지런하게 살 수도 없다. 부지런함은 보기에는 좋아 보이지만 실제로는 금방 지친다. 하루 24시간 내내 열심히만 살 수는 없다. 그래서 필요한 건 바로 효율적으로 게으르게 사는 법이다.

효율적으로 게으르게 산다는 건 적은 노력으로 최대의 결과를 얻는 것이다. 이건 게으름이 아니라 전략이다. 똑같이 게으르게 누워 있어도 어떤 사람은 망하고 어떤 사람은 편안하다. 차이는 효율이다. 그럼 어떻게 효율적으로 게으르게 살 수 있을까? 핵심은 우선순위다. 게으르게 살려면 중요한 것과 중요하지 않은 것을 먼저 가려야 한다. 모든 일을 다 열심히 하려 하면 게으를 수가 없다. 열심히 하는 건 게으름의 적이다. 똑똑한 게으름뱅이는 가장 먼저 이렇게 생각한다. '이 일은 안 해도 되겠네.'

일에는 두 가지 기준이 있다. 신속성과 정확성. 빨리 대충 끝내도 되는 일이 있고, 느리지만 정확히 해야 하는 일이 있다. 오늘 아침에 무슨 옷을 입고 출근할지는 빨리 대충 해도 된다. 하지만 세금 신고는 정확히 해야 한다. 효율적으로 게으르게 사는 사람은 이걸 구분한다. 괜히 모든 일을 완벽히 하려다 다 지쳐버리는 걸 막기 위해서다.

예를 들어, 온라인 쇼핑을 할 때를 생각해보자. 휴대폰 케이스 하나 사는데 두 시간 동안 비교하는 사람들이 있다. 색상, 재질, 후기를 끝없이 뒤진다. 결국 장바구니엔 열 개가 들어 있고, 결제는 못 한다. 이건 게으른 게 아니라 부지런하게 낭비하는 거다. 효율적인 게으름뱅이는 이렇게 한다. '리뷰 별점만 보고 제일 많이 팔린 걸로 사자.' 클릭 한 번이면 끝이다. 또 하나, 드라마 정주행도 그렇다. 부지런하게 보겠다고 밤새 16부작을 몰아본다. 다음 날은 회사에서 좀비가 된다. 효율적인 게으름은 다르다. 핵심 줄거리를 요약해 주는 유튜브 20분짜리 영상으로 대신한다. 스토리는 다 알면서도 시간은 절약한다. 게으르지만 효율적이다. 헬스장에서도 이런 차이가 보인다. 어떤 사람은 운동 전 준비운동만 30분, 스트레칭 20분, 운동 기구 설명까지 꼼꼼히 본다. 결국 정작 운동은 10분밖에 못 한다. 반대로 효율적인 게으름뱅이는 러닝머신 20분, 덤벨 몇 번 들고 끝낸다. 그런데 건강은 비슷하다. 핵심만 했기 때문이다.

사소한 것까지 다 신경 쓰면 중요한 순간에 힘을 못 쓴다. 그래서 게으르게 살아야 한다. 중요한 데만 에너지를 쓰고 나머지는 대충 넘겨야 한다. 그럼 어떻게 효율적으로 게으르게 살 수 있을까? 방법은 간단하다. 안 해도 되는 일은 아예 하지 않는다. 자동화할 수 있는 건 기계에게 맡긴다. 예를 들어 자동이체, 온라인 예약, 알람 설정 같은 것들이다. 작은 불편을 줄이는 게 바로 효율적인 게으름이다. 그리고 대충과 정성을 구분한다. 대충 해도 되는 건 대충 하고, 정성이 필요한 건 정성을 다한다.

효율적으로 게으르게 사는 건 단순히 편하려는 게 아니다. 오히려 더 오래, 더 건강하게 살기 위한 방법이다. 늘 부지런하게 살면 결국 번아웃이 온다. 하지만 효율적으로 게으른 사람은 오래간다. 중요한 데만 힘을 쓰고 나머지는 힘을 아낀다. 그래서 체력도 남고, 마음도 여유롭다. 인생은 장거리 달리기다. 출발선에서 전력질주하면 금방 쓰러진다. 오히려 게으르게 페이스를 조절한 사람이 결승선까지 간다.

게으른 건 나쁜 게 아니다. 무계획한 게으름이 문제다. 그냥 게으른 사람은 인생을 흘려보낸다. 하지만 효율적으로 게으른 사람은 전략적이다. 덜 하고도 더 얻는다. 그래서 여유가 있고 오래 간다. 결국 중요한 건 이거다. 게으르려면 똑똑해야 한다. 아무 생각 없이 게으르면 인생이 무너진다. 하지만 효율적으로 게으르면 인생이 편해진다.

6

멍청하고 부지런한 리더는 제거하라

"나는 내 장교들을 영리하고, 게으르고, 근면하고, 멍청한 네 부류로 나눈다. 대부분은 이 중 두 가지 특성을 가지고 있다. 영리하고 근면한 이들은 고급 참모 역할에 적합하다. 멍청하고 게으른 놈들은 전 세계 군대의 90%를 차지하는데, 이런 놈들은 정해진 일이나 시키면 된다. 영리하고 게으른 녀석들은 어떤 상황이든 대처할 수 있으므로 최고 지휘관으로 좋다. 하지만 멍청하고 근면한 놈들은 위험하므로 신속하게 제거해야 한다."

이 말은 독일 장군 쿠르트 폰 해머슈타인-에쿠르트(Kurt von Hammerstein-Equord)가 남긴 유명한 구분이다. 나치에 저항했던 장군으로 알려진 그는 오랜 군 경력을 통해 인간의 본질을 꿰뚫었다. 선생터에서 멍청한데 부지런한 장교는 적보다 더 위험했다. 왜냐하면 하루 종일 열심히 엉뚱한 짓만 하기 때문이다. 이 구분은 군대에만 적용되는 게 아니다. 회사, 조직, 심지어 동호회에서도 똑같이 적용된다. 인간은 시대와 장소를 막론하고 크게 다르지 않다. 그래서 해머슈타인의 말은 지금도 여전히 유효하다.

최악의 리더는 멍청하고 게으른 사람이 아니다. 멍청하고 게으른 리더는 차라리 단순하다. 그저 지시한 일만 시키면 된다. 문제는 멍청한데 부지런한 리더다. 이 유형은 늘 바쁘다. 새벽부터 출근하고, 퇴근도 늦는다. 열심히 한다는 자부심도 강하다. 하지만 능력이 따라주지 않는다. 그래서 부하들은 매일같이 불필요한 일을 한다. 소위 말하는 삽질이다. 이런 리더 밑에 있으면 상황은 끔찍하다. 예를 들어 아침 회의에서 갑자기 "우리 회사도 메타버스에 진출하자!"라고 외친다. 점심 전에는 "아니다, 지금은 AI 시대다. 챗봇을 만들어야 한다." 오후엔 "결국은 환경기후이다. 친환경 보고서부터 쓰자." 문제는 이게 하루 안에 다 일어난다는 점이다. 직원들은 오전엔 가상현실 기획안을 쓰고, 점심 땐 챗봇 시장조사를 하고, 오후엔 친환경 전략을 보고서에 정리한다. 그런데 다음 날 아침 회의에서 리더는 이렇게 말한다. "어제 건 다 취소. 오늘부터는 블록체인이다." 결과는 뻔하다. 직원들은 늘 야근, 늘 탈진. 하지만 회사는 앞으로 나아가지 않는다. 이게 바로 멍청하고 부지런한 리더의 무서움이다. 이들은 야망은 있지만 능력이 없다. 무조건 열심히 하라는 말만 하고, 실제로는 방향을 잃는다. 그 밑에서 직원들은 불필요한 일에 시달리며 점점 무기력해진다.

한 IT 스타트업 기업에서 실제로 그런 리더가 있었다. 그는 무조건 부지런했다. 매일 새로운 아이디어를 던지고, 모든 걸 다 해보자고 했다. 덕분에 사무실 벽에는 화이트보드에 그려놓은 기획안이 빼곡했다. 하지만 그중 끝난 건 하나도 없었다. 직원들은 늘 새로운 PPT를 만들었고, 회사는 프로젝트의 무덤만 쌓였다. 직원들은 여긴 IT 기업이 아니라 PPT 공장 같다는 말을 많이 했다. 건설 현장도 비슷하다. 멍청하고 부지런한 소장은 작은 문제에도 즉각 반응한다. 벽돌 하나 삐뚤면 전체 벽을 허물라고 지시한다. 하루 종일 부지런히 지시하지만 전체 완공은 늦어진다. 현장 인부들은 이런 말을 한다. '이 소장 밑에선 삽이 닳는다. 삽질만 하니까.' 이런 리더의 문제는 단순히 일을 많이 시킨다는 게 아니다. 방향과 기준이 없다는 데 있다. 직원들은 무조건 바쁘다. 하지만 바쁜 게 곧 생산적인 건 아니다. 중요한 건 어디에 힘을 써야 하느냐다. 기준 없는 열정은 노동일 뿐이고, 기준 없는 계획은 혼란이다.

여기에 더 나쁜 리더가 있다. 바로 책임을 지지 않는 리더다. 어쩌면 멍청하고 부지런한 리더보다 더 최악이다. 이들은 애매한 업무 지시를 내리는 습관이 있다. "이건 네가 알아서 잘 해봐." 구체적인 말은 하지 않는다. 그리고 결과가 나오면 태도를 바꾼다. 일이 잘되면 "그거 내가 시킨 거야."라며 성과를 가져간다. 일이 잘못되면 "내가 그렇게 하라고 한 건 아닌데?"라며 부하에게 책임을 떠넘긴다. 직원 입장에서는 공포다. 아무리 열심히 해도 잘되면 상사 공이고, 망하면 내 탓이다. 이런 리더 밑에 있으면 늘 불안하다. 안전망이 없으니 도전할 용기도 사라진다. 한 대기업 임원은 회의를 너무 좋아했다. 회의에서 늘 이런 말을 했다. "이 부분은 좀 더 다양한 관점에서 고민해봅시다." 구체적인 결정은 없다. 직원들은 일주일 내내 보고서를 수정하고 또 수정했다. 결과가 좋으면 "내가 방향을 잘 잡았지?"라고 말한다. 결과가 나쁘면 "내가 그렇게 하라고 한 건 아닌데?"라며 발을 뺐다. 직원들끼리는 이런 농담을 했다. "회의는 열었는데, 리더는 닫혔다."

나르시시스트 성향의 리더도 많다. 이런 리더는 부하를 철저히 이용해 자신의 이미지를 포장한다. 성공한 프로젝트는 전부 자기 업적으로 홍보한다. 실패하면 부하를 공개적으로 질책한다. 그래서 부하들은 점점 침묵한다. 괜히 나섰다가 총알받이 된다. 결국 조직은 침묵 속에 갇히고, 아무도 새로운 아이디어를 내지 않는다.

더 심각한 경우는 소시오패스 성향을 가진 리더다. 이들은 사람을 철저히 이용하고 버린다. 새로운 인재를 끌어들일 때는 "네 아이디어가 꼭 필요하다."며 달콤하게 꼬드긴다. 하지만 프로젝트가 끝나면 "넌 이제 필요 없다."며 내친다. 이런 리더 밑에선 충성심이 자라날 수 없다. 오직 불신만 자란다. 결국 이런 리더들의 공통점은 같다. 기준이 없거나, 책임이 없거나. 둘 다 없다면 최악 중의 최악이다. 멍청하고 부지런한 리더는 쓸데없는 일을 늘리고, 책임을 지지 않는 리더는 사람을 소모품으로 만든다. 이 둘은 조직을 병들게 한다.

그렇다면 최고의 리더는 누구일까? 해머슈타인의 구분에 따르면 영리하고 게으른 사람이다. 여기서 게으름은 나쁜 의미가 아니다. 쓸데없는 일을 만들지 않고, 꼭 필요한 일만 한다는 뜻이다. 영리하니까 어디에 힘을 써야 할지 알고, 게으르니까 불필요한 삽질을 시키지 않는다. 이런 리더는 결정을 내린다. 괜한 잡무를 늘리지 않는다. 그리고 무엇보다 결과에 책임을 진다. 실패하면 잘못 판단했다고 말한다. 성공하면 '부하들이 잘해 준 덕분이다.'라고 한다. 이게 바로 리더십의 본질이다. 중국 고사에 이런 말이 있다. '영광은 상관에게, 공은 부하에게, 책임은 자신에게' 이 원칙을 지키는 리더 밑에서 사람들은 힘들어도 버틴다. 왜냐하면 최소한 불필요한 삽질은 안 해도 되고, 성과는 나눠주고, 책임은 떠안아주기 때문이다.

정리하자면 최악의 리더는 두 종류다. 멍청하고 부지런한 리더, 그리고 책임지지 않는 리더. 멍청하고 부지런한 리더는 쓸데없는 일만 늘리고, 책임지지 않는 리더는 성과는 가져가고 책임은 떠넘긴다. 이 두 유형은 조직의 에너지를 갉아먹는다. 반대로 최고의 리더는 영리하면서도 적당히 게으른 사람이다. 그리고 무엇보다 책임을 진다. 이 리더 밑에서 사람들은 힘들어도 따라간다. 왜냐하면 방향이 있고, 신뢰가 있기 때문이다. 결국 조직을 살리는 건 화려한 말솜씨가 아니다. 선택과 책임이다. 삽질을 줄여주고, 길을 보여주고, 실패의 짐을 함께 져주는 사람. 그게 진짜 리더다.

제4부

대충 사람을 사귀는 법

Good Enough Wins

완벽한 인간관계는 없다

대충 먼저 보고 가자

1. 인싸는 화려한 스킬보다 가벼운 관심, 잘 웃는 리액션 그리고 어색함을 웃어 넘기는 여유에서 나온다.
2. 완벽한 한 사람을 찾는 것은 불가능 하다. 차라리 여러 인연을 가볍게 만나는 것이 현명하다.
3. 우릴 괴롭히는 건 남의 시선이 아니라 내 안의 완벽주의다. 모두가 날 보는 듯한 착각은 이제 내려놓자.
4. SNS가 키우는 인정 의존은 줄이고 중요한 관계에 집중하며 스스로를 먼저 칭찬하자.
5. 에너지를 빼앗는 관계를 비워야 소중한 사람들에게 쓸 자리와 새 인연이 들어올 공간이 생긴다.
6. 빡빡한 의무감 보다는 느슨한 여유와 적당한 거리감이 관계를 편안하고 오래가게 만든다.

1

인싸의 조건은 여유다

요즘 사람들 사이에서 자주 쓰이는 말이 있다. 인싸, 아싸. '인싸'는 insider의 줄임말이고, '아싸'는 outsider에서 나온 말이다. 인싸는 모임의 중심에 있고, 어딜 가도 자연스럽게 어울리는 사람이다. 반대로 아싸는 분위기에 잘 섞이지 못하고 어쩐지 겉도는 사람을 뜻한다.

사람들은 대체로 인싸가 되고 싶어 한다. 직장에서도, 학교에서도, 모임에서도 인싸는 편하다. 정보도 빨리 얻고, 기회도 많아진다. 누가 좋은 자리 났다고 하면 인싸는 이미 알고 있다. "이번 주말에 좋은 행사 있어."라는 정보도 인싸한테서 흘러나온다. 아싸는 언제나 뒷북이다. 남들이 다 갔다 온 뒤에야 소식을 듣는다. 그러니 다들 인싸가 되고 싶어 하는 건 어쩌면 당연하다. 실제 연구에서도 인간관계가 풍부할수록 삶의 만족도가 높다고 밝혀졌다. 「행복연구」 저널(Journal of Happiness Studies, 2025)에서는 네트워크가 넓은 사람일수록 더 행복하다고 했다. 과학이 굳이 증명하지 않아도, 우리 모두 이미 느끼고 있던 사실이다.

그렇다면 어떻게 하면 인싸가 될 수 있을까? 몇 가지 방법을 이야기해보자.

첫째, 관심을 잘 줘야 한다. 사람들은 자신에게 관심을 보이는 사람에게 마음을 연다. 생일을 기억해주거나, 머리를 짧게 잘랐다는 걸 알아채고 한마디 건네는 것. "오, 오늘 머리 다듬었네?" 같은 말 한마디가 의외로 힘이 크다. 사소한 관심이 관계를 바꾼다. 괜히 SNS에 좋아요를 누르고 댓글을 다는 게 중독처럼 느껴지는 게 아니다. 작은 신호에도 사람들은 반응한다.

둘째, 잘 웃어야 한다. 웃음은 인싸의 필수템이다. 같이 있으면 편안하고, 대화가 술술 풀린다. 똑같은 농담을 해도 무표정으로 듣는 사람과 활짝 웃으며 들어주는 사람은 다르다. 후자 옆에서는 괜히 말이 더 나온다. 어떤 연구에서는 웃는 얼굴이 신뢰를 높이고 첫인상을 좋게 만든다고 했다. 사실 연구가 필요 없다. 식당에서 웃는 종업원과 찡그린 종업원, 어디에 더 팁을 주고 싶을지 생각해보면 된다.

셋째, 말을 잘하는 것보다 리액션이 중요하다. 인싸는 꼭 입심이 센 사람이 아니다. 오히려 잘 들어주고, 잘 반응하는 사람이 인싸다. 끄덕여주고, 맞장구쳐주고, 중간 중간 "와, 진짜?" 한마디만 해도 상대는 기분이 좋아진다. 대화라는 건 탁월한 발언으로 완성되는 게 아니라, 적당한 리액션으로 완성된다. 「비언어적 행동 저널(Journal of Nonverbal Behavior, 2023)」 연구에 따르면 리액션 많은 사람이 호감도를 높인다고 한다. 사실 당연하다. 로봇처럼 가만히 있는 사람과 박수 쳐주고 웃어주는 사람 중 누가 더 좋은지는 굳이 설명할 필요가 없다.

넷째, 새로운 걸 두려워하지 말아야 한다. 인싸는 낯선 자리에 들어가도 금방 녹아든다. 모임에 처음 나왔는데도 마치 오래된 단골처럼 행동한다. 반대로 아싸는 "난 원래 낯을 많이 가려서…"라며 구석자리에 앉는다. 하지만 행동이 성격을 바꾸기도 한다. 처음은 누구나 어색하다. 하지만 한두 번 시도하다 보면 점점 편해진다. 인싸는 처음의 어색함을 그냥 웃으며 넘기는 사람이다.

다섯째, 사람과 사람을 잘 연결해줘야 한다. "너랑 내 친구 철수랑 잘 맞을 것 같아." 하며 사람들을 이어주는 사람이 있다. 이런 사람은 자연스럽게 관계의 중심에 선다. 쉽게 말해, 다리를 놓아주는 사람이 결국 모임의 허브가 된다.

이 다섯 가지를 보면 인싸는 특별한 재능이 필요한 게 아니다. 화려한 언변이나 뛰어난 외모가 없어도 된다. 인싸는 관계를 맺고 유지하려는 태도에서 나온다. 조금 더 용기를 내서 말을 걸고, 리액션을 해주고, 사람들을 연결해 주는 노력이 쌓이면 된다. 인싸는 태어나는 게 아니라 만들어지는 거다.

하지만 여기서 중요한 게 있다. 인싸가 되려면 완벽한 대인관계를 하겠다는 집착을 버려야 한다는 점이다. 모든 대화를 매끄럽게 이끌어야 한다는 강박, 누구에게도 미움을 사면 안 된다는 압박은 오히려 사람을 경직시킨다. 「심리 과학(Psychological Science, 2021)」 연구에서는 대인관계에서의 완벽주의가 오히려 사회적 고립감을 심화시킨다고 밝혔다. '내가 실수하면 어떡하지?'라는 생각이 많을수록 오히려 어색해지고, 대화가 끊어진다. 완벽하려는 순간 이미 아싸가 된다.

인싸는 자신이 인싸가 되기 위해 몸부림치지 않는다. 사람을 편하게 대하고, 어설픈 순간도 웃으며 넘긴다. 진짜 인싸는 실수해도 여유 있고, 서툴러도 자연스럽다. 누군가 말실수를 했을 때 "아, 나도 그래." 하며 같이 웃어주는 게 인싸다. 오히려 완벽하지 않은 모습이 매력으로 작용한다. 결국 인싸의 조건은 관계 속에서의 편안함이다. 사람들과 잘 지내는 비법은 별게 아니다. 적당히 웃고, 적당히 관심 주고, 적당히 어울리는 것. 너무 잘하려고 애쓰지 않아도 된다. 인싸는 완벽에서 나오지 않는다. 오히려 가벼운 친근함 속에서 자란다.

요약하면 이렇다. 인싸는 노력한다고 되는 게 아니라, 부담을 내려놓을 때 자연스럽게 만들어진다. 웃고, 리액션 해주고, 가볍게 연결해주면 된다. 실수해도 괜찮고, 어설퍼도 괜찮다. 중요한 건 완벽이 아니라 분위기를 편하게 만드는 힘이다. 그게 진짜 인싸의 매력이다.

2

진정한 친구는 없다

우리는 종종 친구에 대해 이야기할 때 이렇게 말한다. '진정한 친구 하나만 있으면 된다.' 듣기만 해도 멋지고 감동적인 말이다. 위기 속에서도 나를 지켜주고, 내가 흔들릴 때 묵묵히 곁을 지켜주는 친구. 흔히 고사성어처럼 회자되는 인물이 바로 관중과 포숙이다.

관중과 포숙은 춘추전국시대 제나라의 인물들이다. 관중은 훗날 명재상으로 이름을 떨쳤고, 포숙은 그의 절친이자 평생의 동지였다. 흥미로운 건 두 사람의 시작이다. 이 둘은 원래 정적이었다. 관중은 포숙과 함께 장사도 하고, 정치적으로도 경쟁자였다. 심지어 관중은 포숙을 향해 활을 쏜 적도 있었다. 그런데도 포숙은 관중의 진가를 알아보고 이렇게 말했다. "관중은 나보다 나은 인재다. 내가 그를 천거하지 않으면 나라에 손해다." 결국 포숙은 제나라 임금에게 관중을 추천했고, 관중은 재상이 되어 나라를 부강하게 만들었다. 그리고 포숙은 그 옆에서 묵묵히 도왔다. 이 정도면 전 세계 역사상 가장 '이상적인 절친'이라 해도 과언이 아니다. '내 친구가 나보다 뛰어나니 그가 빛나야 한다.'라는 말을 현실에서 할 수 있을까? 대부분은 '내 친구가 나보다 빛나면 질투부터 난다.'가 솔직한 답일 거다.

그래서 우리는 관중과 포숙의 이야기를 들을 때마다 가슴이 뭉클해진다. '그래, 나도 언젠가 저런 진정한 친구 하나만 만나면 된다.' 하지만 문제는 여기 있다. 현실에서는 그런 친구를 만나기가 거의 불가능하다는 것이다. 고대 그리스 철학자 피타고라스도 인간의 가장 위대한 행운은 좋은 친구를 만나는 것이라고 했다. 반면 냉소적 철학자 디오게네스는 사람들에게 "진정한 친구가 어디 있냐?"는 질문을 받자, 거리로 나가 등불을 들고 말했다. "나는 아직 찾고 있다." 이건 풍자다. 완벽한 친구는 찾기 어렵다는 뜻이다.

현대 사회는 더 그렇다. 사람들은 끊임없이 이동한다. 진학, 이직, 이사, 이민. 아무리 가까운 친구도 물리적 거리가 생기면 멀어진다. 한때는 하루에 열 번씩 연락하던 친구도, 이사 한 번 가고, 회사 옮기고, 결혼하고, 애 낳고 나면 점점 뜸해진다. 연락은 줄고, 기억은 흐려진다. 관계는 그렇게 자연스럽게 줄어든다. 그건 개인의 문제가 아니라 구조의 문제다. 「사회·개인적 관계 저널(Journal of Social and Personal Relationships, 2018)」 연구에 따르면, 성인이 된 이후 친구를 새로 만들기가 점점 더 어려워진다고 한다. 시간은 부족하고, 만남의 기회는 줄고, 에너지는 회사에 다 쓰인다. 그러니 '진정한 친구 하나만 있으면 된다.'는 말은 사실상 '평생 로또 한 번만 맞으면 된다.'와 비슷한 말이다. 가능은 하지만, 대부분은 경험하지 못한다.

그렇다고 우리가 평생 외롭게 살아야 한다는 건 아니다. 여기서 중요한 건 관점을 바꾸는 것이다. 친구는 완벽한 한 사람을 찾는 게 아니라, 여러 관계 속에서 계속 만들어가고 갱신하는 것이다. 친구라는 건 소모성 자원이다. 듣기엔 차갑지만 현실적이다. 에너지를 쓰지 않으면 관계는 금방 닳아 없어진다. 그리고 새로운 인연이 생기면 또 다른 관계가 채워진다. 문제는 우리가 종종 우정을 너무 이상적으로 바라본다는 점이다. 관중과 포숙 같은 관계를 목표로 삼는다. 하지만 솔직히, 내 친구가 나보다 뛰어나면 속으로 질투부터 난다. '쟤는 왜 저렇게 잘 나가냐?' 하면서. 그러다 보면 관계가 불편해진다. 현실의 인간관계는 그렇게 단순하지 않다.

회사에서 친구를 사귀는 경우를 보자. 입사 초기엔 매일 붙어 다니며 점심도 같이 먹고, 퇴근 후 맥주도 함께 마신다. 하지만 부서가 갈리고, 승진 경쟁이 생기면 미묘한 벽이 생긴다. '저 친구는 내 경쟁자일 수도 있겠다.'는 생각이 들면, 포숙처럼 친구를 천거하기는커녕 밥 약속조차 어색해진다. 또 다른 예. 학창 시절 죽이 잘 맞던 친구도 사회인이 되면 달라진다. 한쪽은 직장인, 다른 쪽은 자영업자, 또 다른 한쪽은 전업주부. 대화 주제부터 달라진다. 한쪽은 아이 유치원 얘기를 하고, 한쪽은 회사 조직문화 욕을 하고, 또 다른 쪽은 장사 매출 얘기를 한다. 어느새 대화는 어긋난다. 이걸 실패라 할 수 있을까? 아니다. 그냥 인생이 바뀐 거다.

그래서 친구 관계에서 중요한 건 '유지'가 아니라 '갱신'이다. 예전 친구와 멀어졌다고 해서 실패한 게 아니다. 새로운 사람을 만나고, 그중에서 몇몇이 가까워지는 게 정상이다. 마치 휴대폰 번호부가 업데이트되듯, 인간관계도 계속 업데이트된다. 결국 친구는 많이 사귀는 게 답이다. 여기서 '많이'라는 건 단순히 숫자 문제가 아니다. 넓고 가볍게 시작된 관계 중 일부가 깊어지는 거다. 처음부터 깊은 관계를 기대하면 부담스럽다. "영원히 친구하자!"라는 말은 중학교 시절 교실 낙서로 족하다. 성인이 되어 그런 말은 무겁고 피곤하다. 그냥 가볍게 시작해서, 시간이 흐르며 자연스럽게 깊어지는 게 진짜다. 몽테뉴가 친구인 라 보에시와의 관계를 '설명이 필요 없는 우정'이라 표현한 것도 같은 맥락이다. 설명이 필요 없을 정도로 가까워지는 건 하루아침에 되는 게 아니다. 긴 시간 동안 여러 일을 함께 겪어야 그런 경지가 된다.

진정한 친구를 만나고 싶다면, 먼저 많은 친구를 만나야 한다. 완벽한 친구를 골라내겠다고 눈을 부릅뜨지 말고, 열린 마음으로 사람들을 맞이해야 한다. 완벽한 친구는 없다. 대신 함께 웃을 수 있는 사람, 같이 밥을 먹고 술 한 잔 기울일 수 있는 사람이면 충분하다. 결국 우리는 관중과 포숙 같은 완벽한 친구를 평생 한 명이라도 만나면 엄청난 행운을 얻은 거다. 하지만 대부분은 그런 행운을 얻지 못한다. 그러니 완벽한 친구를 찾겠다는 집착은 버려야 한다. 친구는 기다려서 얻는 게 아니다. 계속 만나고, 이어가고, 갱신하면서 길러지는 거다.

요약하자면 이렇다. 이상적인 단 한 명의 친구를 기다리는 건 낭만일 뿐이다. 현실에서는 가볍게 시작해 여러 인연을 만나고, 그중 일부가 시간이 흐르며 진짜 친구로 남는다. 완벽한 친구는 없다. 불완전한 친구 속에서 웃고 떠드는 게 진짜 우정이다. 진정한 친구는 '찾는 것'이 아니라 '길러지는 것'이다. 완벽한 관중과 포숙을 기다리기보다, 불완전한 관계 안에서 편하게 웃을 수 있는 사람을 곁에 두자. 그게 현실이고, 그게 더 행복하다.

3

사실, 남들은 나한테 관심 없다

　세상에는 타인의 시선을 유난히 많이 의식하는 사람들이 있다. 누군가 나를 어떻게 볼까, 무슨 평가를 할까 하루 종일 걱정한다. 발표 자리, 회식 자리, 심지어 카페에서 주문하는 순간까지도 머릿속은 전쟁터다. 내가 지금 이상하게 보이면 어떡하지라는 생각이 끝없이 맴돈다. 이런 사람들은 집을 나서기 전부터 이미 긴장 모드에 들어간다. 옷을 몇 번이나 갈아입고, 거울 앞에서 이 표정이 괜찮을까를 고민한다.

　그러고도 불안하다. 밖에 나가면 사람들의 눈빛 하나에도 마음이 휘청인다. 마치 세상의 모든 스포트라이트가 자신에게 쏟아지는 것처럼 느낀다. 물론 타인의 평가를 전혀 신경 쓰지 않는 것도 문제다. 아무 곳에서나 방귀 뀌고, 장례식장에 슬리퍼 신고 오는 사람은 자유로운 영혼이 아니라 민폐다. 사회적 예의와 기본 매너는 필요하다. 하지만 그게 과하면 삶은 너무 피곤해진다.

정신의학적으로 이런 상태가 극단적으로 심해지면 '사회불안장애'라는 진단이 붙는다. 단순한 소심함이나 부끄러움이 아니다. 사회불안장애는 대인관계 자체를 공포의 대상으로 만든다. 『정신질환의 진단 및 통계 매뉴얼 5판(DSM-5)』에서는 이렇게 정의한다. 타인의 평가에 대한 극심한 두려움 때문에 사회적 상황을 피하거나 견디기 힘들어하는 상태. 간단히 말하면 남 눈치를 너무 많이 보는 병이다.

사회불안장애가 있으면 발표를 해야 할 때 머릿속은 이미 재난영화다. 작은 실수가 치명적 실패처럼 느껴진다. 발표 끝나고 집에 돌아가면 머릿속에서 자신의 모습이 무한 반복된다. 이쯤 되면 넷플릭스가 아니라 자책플릭스에 가깝다. 수업시간도 마찬가지다. 질문 하나 하려다 얼굴이 빨개지고 심장은 드럼처럼 쿵쾅거린다. 결국 질문은 포기하고 스스로에게 딱지를 붙인다. 나는 무능하다. 그런데 현실은 대부분의 학생들이 수업 시간에 자거나 딴생각을 한다는 것이다. 교수님도 학생의 표정까지 신경 쓸 여유가 없다. 문제는 남들이 아니라 내 머릿속의 과잉 경보음이다.

이런 심리를 설명하는 개념이 있다. 바로 스포트라이트 효과다. 「성격·사회심리학 저널(Journal of Personality and Social Psychology, 2000)」에서 소개된 개념인데, 사람들은 자신이 무대 위 주인공처럼 모든 시선을 받고 있다고 착각한다는 뜻이다. 예를 들어 한 대학생이 발표 수업에서 떨며 발표를 한다. 모두가 내 실수를 지적할 거라고 생각한다. 하지만 끝나고 동기들에게 물어보면 정작 발표 내용조차 잘 기억하지 못한다. 왜냐하면 다들 자기 발표 준비하느라 정신이 없었기 때문이다.

회식 자리에서도 비슷하다. 어떤 직장인은 아무 말도 못 하고 술만 마신다. 집에 돌아와 오늘 나 이상하게 보였을 거야 하며 며칠을 자책한다. 하지만 회식에 참석했던 사람들은 이미 '삼겹살이 맛있었네.' 같은 생각으로 끝났다. 본인은 전국 생중계 당한 것처럼 느꼈지만 실제로는 동네 방송도 아니었다. 심지어 체육 시간에 크게 넘어진 고등학생도 모두가 나를 비웃는다고 느낀다. 하지만 친구들은 경기 결과에 더 관심이 있다. 점수가 중요한 거지 누가 넘어졌는지는 곧 잊힌다. 결국 본인은 드라마 주인공이 된 것 같은데, 남들 눈에는 그냥 스쳐 지나가는 엑스트라에 불과하다. 이게 바로 스포트라이트 효과다.

사회불안장애 환자나 스포트라이트 효과에 시달리는 사람들의 머릿속은 늘 자기검열로 가득하다. 이 말을 하면 싫어하지 않을까, 내 표정이 이상하게 보이지는 않을까. 이런 생각이 대화를 가로막는다. 자연스러운 흐름은 깨지고 불안은 더 커진다. 결국 말문이 막히고 대화는 끊기고 다시 자기비난이 시작된다. 이렇게 불안이 쌓이면 사람들은 점점 사회적 상황을 회피하게 된다. 모임을 앞두고 며칠 전부터 걱정하고 당일에는 극도의 긴장을 겪고 끝난 뒤에는 내가 왜 그랬지라며 자책한다. 결국 친구를 피하고, 발표를 피하고, 회식을 피한다. 피하면 당장은 편하다. 하지만 장기적으로는 외로움이 깊어진다. 연구에 따르면 사회불안장애가 있는 사람은 일반인보다 우울증 발병률이 두 배 이상 높다고 한다. 외로움이 쌓이면 마음 건강에도 타격이 크다. 결국 불안은 외로움으로, 외로움은 우울로 이어진다. 악순환의 고리가 형성된다.

여기서 중요한 사실이 하나 있다. 사실 남들은 우리에게 그렇게 큰 관심이 없다. 연예인이나 정치인이 아닌 이상 대부분은 자기 문제로 바쁘다. 오늘 누가 무슨 옷을 입었는지, 누가 발표하다가 버벅였는지, 누가 넘어졌는지 오래 기억하지 않는다. 그저 자기 밥벌이에 정신이 팔려 있다. 게다가 현대 사회는 정보의 흐름이 너무 빠르다. 오늘의 해프닝은 내일이면 다 잊힌다. SNS에서 잠깐 화제가 되어도 금세 묻히고 사람들은 금방 다른 이야기로 옮겨 간다. 그러니 작은 실수 하나에 인생이 끝났다고 느낄 필요가 없다. 세상은 그렇게 우리에게 집착하지 않는다. 오히려 너무 관심이 없어서 문제일 때가 많다.

결국 타인의 시선을 두려워하는 것은 남 때문이 아니라 자기 안의 목소리 때문이다. 내 안의 완벽주의가 넌 늘 완벽해야 해라고 강요하는 것이다. 그런데 그 목소리를 잠시 내려놓으면 세상은 훨씬 가벼워진다. 남들은 생각보다 우리에게 관심 없다. 그건 나쁜 게 아니다. 오히려 우리를 자유롭게 해주는 이유다. 실수해도 괜찮고 틀려도 괜찮다. 가끔은 엉성해도 괜찮다. 인간관계는 원래 불완전하다. 완벽을 내려놓을 때 관계는 오히려 더 편안해진다. 그리고 삶도 조금 더 유쾌해진다.

사회불안장애는 단순한 의지력으로 극복하기 어렵다. 마음 단단히 먹어라는 말은 무용지물이다. 다리 부러진 사람한테 힘내, 뛰면 되라고 말하는 것과 같다. 치료에는 방법이 있다. 대표적인 게 인지행동치료다. 왜곡된 생각을 교정하고 회피를 줄이는 훈련을 한다. 부정적인 왜곡된 사고를 긍정적인 상식적 사고로 바꾸는 것이다. 작은 성공 경험을 쌓으면서 불안을 줄인다. 약물치료도 도움을 준다. SSRI(세로토닌재흡수억제제)[9] 같은 항우울제는 불안을 낮춰서 훈련이 가능하게 한다.

하지만 무엇보다 중요한 건 자기 자신을 탓하지 않는 것이다. 사회불안장애는 성격 문제가 아니라 병이다. 병이 있으면 치료하면 된다. 한 번에 완벽할 필요도 없다. 작은 시도 하나가 쌓이면 변화가 시작된다.

사실 사회불안장애의 뿌리에도 완벽주의가 있다. 나는 실수하면 안

---

9 우울증, 불안장애, 강박장애 등 다양한 정신질환 치료에 널리 사용되는 2세대 항우울제

돼, 완벽해야 사랑받는다는 강박이 우리를 옭아맨다. 하지만 인간관계는 원래 어설프다. 다들 조금씩 서툴고, 가끔은 말이 꼬이고, 어색한 순간도 생긴다. 그런데도 관계는 이어진다. 오히려 그런 순간들이 사람을 더 가깝게 만든다. 술자리에서 누가 농담하다가 말꼬리가 꼬여도 나중에는 "야, 너 그때 진짜 웃겼다."라며 추억이 된다. 발표 중 PPT가 안 넘어가도 결국엔 장비 탓이라며 다들 넘어간다. 완벽은 없다. 어설픔이 쌓여 관계가 된다.

결국 사회불안과 스포트라이트 효과는 같은 메시지를 준다. 남들은 당신에게 그리 관심 없다. 진짜 문제는 당신의 완벽주의다. 그것만 내려놓으면 세상은 생각보다 훨씬 살 만하다. 그러니 너무 불안해하지 말자. 남들은 바쁘다. 당신 인생을 그렇게 열심히 관찰할 여유가 없다. 당신이 넘어져도, 말실수를 해도, 엉뚱한 옷을 입어도 대부분은 내일이면 잊힌다. 그 사실을 알게 되는 순간 삶은 가벼워지고 인간관계도 편안해진다.

결국 중요한 건 완벽을 내려놓고 불완전한 나를 받아들이는 일이다. 실수도 하고 어색하기도 한 모습 그대로가 더 인간적이고 더 매력적이다. 남들의 시선보다 내 안의 완벽주의가 더 무섭다는 걸 깨닫는 순간부터 우리는 훨씬 자유로워질 수 있다.

4

인정 중독

'나를 좋아해줘! 인정해줘! 칭찬해줘!' 이 말, 입 밖으로는 안 하지만 속으로는 매일 외친다. 인간은 기본적으로 '인정 욕구'를 갖고 있다. 문제는 이 욕구가 너무 커지면 '중독'이 된다는 것이다. 칭찬은 설탕과 같다. 한 숟가락 먹으면 달콤하고 행복하다. 하지만 계속 먹다 보면 살이 찌고, 결국 건강을 해친다. 남의 칭찬도 처음에는 동기부여가 되지만, 그 맛에 길들여지면 어느새 스스로의 기준이 사라지고, 타인의 말 한마디에 기분이 오르락내리락하게 된다.

정신의학 연구에서도 이런 현상을 설명한다. 「사회인지정서 뇌과학(Social Cognitive and Affective Neuroscience, 2018)」 연구에 따르면, SNS에서 '좋아요'를 받을 때 뇌의 보상 시스템이 자극되어 도파민이 분비되는데, 이는 마치 약물 중독과 비슷하게 섬점 더 강한 자극을 찾아 나서게 만든다. 그래서 처음에는 30개의 '좋아요'에도 만족했지만, 어느 순간 100개가 안 되면 마음이 불안해지고, 그 숫자가 자기 존재 가치의 척도가 되어 버린다.

인정 중독에 빠진 사람들은 늘 남의 시선을 의식하며 산다. 회의에서 의견을 말해도 '내 말이 틀린 건 아닐까?' 불안해하며 집에 돌아와 후회한다. SNS에 올린 사진에 좋아요가 적게 달리면 하루 종일 기분이 가라앉는다. 심지어 점심 메뉴조차 타인의 반응을 먼저 살핀 뒤 정한다. 이렇게 살다 보면 스스로의 판단은 사라지고, 남들의 평가가 삶의 나침반이 된다. 어느새 내가 원하는 게 아니라, 남들이 좋아할 만한 것만 선택한다. 그러다 보면 아무리 바쁘게 살고 많은 노력을 해도 만족은 오지 않는다. 왜냐하면 그 기준이 내 것이 아니라 남의 것이기 때문이다.

이 인정 중독을 가장 빠르게 키워주는 도구가 바로 SNS다. SNS는 칭찬 중독자를 위한 완벽한 놀이터다. 사진을 올리고 좋아요가 쏟아지면 짜릿하다. 하지만 그 짜릿함은 오래가지 않는다. 한 번에 50개의 좋아요를 받던 사람이 다음에는 100개를 기대하고, 100개가 안 되면 실망한다. 이렇게 계속해서 더 큰 자극을 찾아 헤매는 것이다. 좋아요 숫자가 내 인생 성적표가 되어버리면, 행복은 점점 도망간다. SNS는 인정 욕구를 끝없이 자극하며, 우리를 끊임없이 남과 비교하게 만든다. 남의 행복한 사진을 보며 자신을 초라하게 느끼고, 남의 불행을 보며 잠시 위안을 얻는다. 하지만 그 만족감도 오래가지 않는다. 결국 자신을 소모시키는 관계만 남는다.

모든 사람에게 인정받으려는 건 불가능하다. 그리고 사실, 필요하지도 않다. 100명에게 칭찬받기 위해 노력하다 보면 정작 가장 중요한 3명에게 소홀해질 수 있다. 인간관계는 다수결이 아니다. 집중과 선택이 필요하다. 대충 인간관계란 무례하게 굴라는 뜻이 아니다. 나를 진짜 인정해주는 사람에게만 에너지를 쓰고, 나머지는 적당히 관리하는 것이다. 모두에게 친절하고 완벽하려는 인간관계는 결국 스스로를 지치게 만든다. 중요한 것은 나 자신을 인정해주는 몇 명과의 관계다. 그 몇 명에게 진심을 다하는 것이 훨씬 효율적이다.

그리고 무엇보다 중요한 것은 남에게 칭찬을 받으려고 노력하기보다, 스스로를 먼저 칭찬하는 습관이다. 남에게 인정받기 위해 노력하는 순간, 나는 내 삶의 주인이 아니라 평가받는 존재가 된다. 오늘 내가 한 작은 일에도 스스로 '잘했어!'라고 말해보자. 아무도 알아주지 않아도 괜찮다. 내가 나를 알아주면 그게 가장 확실한 인정이다. 거울을 보며 스스로에게 '좋아요'를 눌러주는 연습을 해보자. 타인의 손가락보다 내 손가락이 더 빠르면 인정 중독은 서서히 사라진다.

칭찬은 완전히 끊을 필요는 없다. 비타민처럼 적당히 필요하다. 하지만 과다 복용은 독이 된다. 칭찬이 없으면 허전하다고 느끼는 것이 아니라, 칭찬이 없어도 편안할 수 있는 마음이 중요하다. 타인의 평가에 흔들리지 않고 스스로에게 칭찬을 건네는 사람만이 진짜 자유를 얻는다. 남들이 인정해주지 않아도 괜찮다. 내가 나를 인정한다면 그것으로 충분하다. 남의 박수에 목마르지 않을 때, 진짜 인간관계의 자유가 시작된다. 남이 누르는 '좋아요'보다 내가 누르는 '셀프 좋아요'가 훨씬 강력하다.

5

인간관계도 정리가 필요하다

　집을 깨끗하게 하려면 가장 먼저 해야 할 일은 청소가 아니라 버리기다. 청소기로 먼지를 빨아들이고 걸레로 바닥을 닦아도 불필요한 물건이 그대로라면 금세 다시 지저분해진다. 버려야 한다. 안 쓰는 물건, 쓸 일 없는 물건, 언젠가 쓰겠지 하고 놔둔 물건들. 다 버려야 공간이 산다. 그런데 문제는, 많은 사람들이 이걸 못 한다는 거다. 다 필요해 보이니까. 그 결과 집은 점점 창고가 되고, 심하면 발 디딜 틈 없는 쓰레기장이 된다. 정신의학에서는 이런 걸 '저장 강박장애'라고 부른다.

　「불안장애 저널(Journal of Anxiety Disorders, 2010)」 연구에 따르면, 저장 강박은 단순히 게으른 사람의 정리정돈 문제가 아니다. 버릴 때 느끼는 불안이 너무 커서 결국 아무것도 버리지 못하는 것이다. 그러다 공간 자체를 잃는다. 집은 있지만 제대로 활용할 수 없게 된다.

필요한 물건조차 제 역할을 못 한다. 집은 있는데 집답지 않은 아이러니에 빠지는 것이다. 인간관계도 똑같다. 모든 관계를 유지하려고 하면 내 삶은 금세 복잡해진다. 버려야 할 관계를 버리지 못하면 내 마음과 시간이 쓰레기장처럼 된다. 나를 진심으로 챙기지도 않는 사람, 만날 때마다 기운을 빼앗아가는 사람, 억지로 이어가는 관계들이 내 일상을 잠식한다. 결국 중요한 사람에게 쓸 에너지가 남지 않는다.

실제로 한 직장인은 인간관계 때문에 늘 지쳐 있었다. 연락 오는 사람마다 다 챙겼다. 안부 문자가 오면 반드시 답장을 했고, 만나자는 제안도 거절하지 못했다. 결과는 탈진이었다. 정작 자신을 진심으로 아끼는 사람은 챙기지 못하고, 피곤한 관계에만 매달리다 보니 소중한 인연을 소홀히 했다. 그러다 깨달았다. 모든 사람과 친할 필요는 없다는 사실을. 예전에는 관계가 지금처럼 유동적이지 않았다. 한 동네에서 태어나 자라고, 한 직장에서 평생을 보내고, 한 사회 안에서만 살았다. 관계는 오래가고 단순했다. 하지만 현대는 다르다. 이사, 이직, 이민, SNS까지. 관계는 끊임없이 생기고 끊어진다. 하루아침에 새로운 사람과 연결되기도 하고, 갑자기 사라지기도 한다. 이런 시대에 모든 관계를 붙잡으려 한다면 버티지 못한다. 관계는 만드는 것도 중요하지만, 정리하는 건 더 중요할 때가 있다.

집을 정리하지 않으면 집이 쓰레기장이 되듯, 관계를 정리하지 않으면 마음이 쓰레기장이 된다. 남들 눈치를 보며 억지로 이어가는 관계는 독이다. 나에게 에너지를 주는 관계와 에너지를 빼앗는 관계를 구분해야 한다. 불편한 관계를 억지로 유지하는 것은 건강에도 해롭다. 실제로 연구에 따르면 스트레스를 유발하는 인간관계는 신체 질환 발병 위험까지 높일 수 있다고 한다. 사람 관계가 곧 건강 문제라는 얘기다.

그러니 대인관계도 정리가 필요하다. 불필요한 관계는 과감히 정리해야 한다. 미안해할 필요 없다. 나를 지키는 일이다. 소중한 사람에게 집중할 수 있는 여백을 만들어야 한다. 한 연구에서는 스트레스를 유발하는 인간관계를 줄이는 것만으로도 우울과 불안 증상이 줄어든다고 보고했다. 관계를 줄인다고 해서 고립되는 것은 아니다. 오히려 남은 관계가 더 깊어진다.

어떤 관계는 시간이 지나면서 자연스럽게 멀어진다. 그것도 괜찮다. 억지로 붙잡지 않아도 된다. 나와 맞지 않는 사람을 끌어안으려 애쓰지 않아야 한다. 인생은 한정된 에너지로 살아가는 여정이다. 그 에너지를 가치 있는 사람들과 나누는 게 현명하다. 관계를 버리는 건 사람을 버리는 게 아니다. 내 삶의 여백을 되찾는 일이다. 너무 많은 관계에 짓눌리지 말자. 가끔은 정리해야 소중한 것이 더 잘 보인다. 여백이 있어야 빛나는 것도 있다.

그리고 여기서 중요한 게 하나 있다. 버리는 것으로 끝내지 말라는 거다. 집에서 쓸데없는 물건을 버렸다면 그 자리에 진짜 필요한 가구를 들여놓을 수 있듯이, 인간관계도 마찬가지다. 불필요하고 불편한 인연을 정리하고 나면 그 빈자리를 새로운 인연이 채운다. 억지로 붙잡던 관계를 내려놓아야 진짜 어울릴 수 있는 사람들을 만날 수 있다. 세상은 넓고 사람은 많다. 낡은 관계를 비워내야 새로운 관계가 들어올 수 있다.

결국 관계 정리의 목적은 단절이 아니라 교체다. 버림으로써 더 나은 인연을 맞이하는 준비를 하는 것이다. 인간관계는 정체된 것이 아니라 흐르는 강물과 같다. 흘러가야 새 물이 들어온다. 그러니 용기를 내어 불필요한 관계를 정리하자. 그러고 나면 놀랍게도, 당신 삶에 새로운 사람들이 들어와 자리를 채우기 시작할 것이다.

6

오래가는 관계는 따로 있다

우리는 흔히 인간관계에 대해 이렇게 배워왔다. 자주 연락하고, 꼼꼼히 챙기고, 성실히 만나야 한다고. 친구 생일을 절대 잊지 말고, 직장 동료와의 술자리는 빠지지 말고, 모임에서는 분위기를 띄우라고. 그렇게 열심히 애쓰면 좋은 관계가 유지될 거라고 믿었다. 그런데 현실은 다르다. 그렇게까지 애쓰다 보면 결국 내가 먼저 지친다. 인간관계는 오히려 대충 해야 오래 간다. 여기서 말하는 대충은 무례하거나 무심한 게 아니다. 힘을 조금 빼고, 억지로 애쓰지 않고, 적당히 흘러가게 두는 태도다. 숨 막히게 매달리는 관계는 오래가지 못한다. 숨 쉴 틈이 있는 관계가 오래 간다.

친구 사이를 예로 들어보자. 어떤 사람은 '친구라면 매일 연락해야지.'라고 생각한다. 하지만 매일 연락할수록 대화거리는 줄어들고, 결국 할 말이 없어진다. 오히려 한두 달 만에 만나도 예전처럼 편하게 웃을 수 있는 친구가 진짜 오래 간다. 카톡이 3일 동안 안 왔다고 '우리 우정은 끝났어…'라고 생각하는 건 괜한 오버다. 대충 연락해도 괜찮다. 오히려 그런 여유가 있어야 관계가 더 편하다.

직장 동료와도 마찬가지다. 모든 동료와 절친이 될 필요는 없다. 점심시간에 가끔 같이 밥 먹고, 회의 시간에 의견 주고받으면 충분하다. 퇴근 후 술자리에 빠졌다고 해서 왕따 되는 것도 아니다. 오히려 무조건 다 참석하다 보면 체력은 고갈되고, 가족과의 시간은 사라지고, 일상은 피곤해진다. 적당히 빠지고, 적당히 섞이는 게 오히려 현명하다.

인간관계를 대충 해야 한다는 지혜는 사실 '내 에너지는 한정돼 있다.'는 걸 인정하는 데서 시작된다. 휴대폰 배터리가 20%밖에 안 남았는데 모든 앱을 동시에 켜놓으면 순식간에 꺼져버린다. 인간관계도 똑같다. 모든 사람에게 100%를 주려 하면 결국 내가 방전된다. 중요한 건, 언제 어디서 얼마나 쓸지 조절하는 것이다. 대충 관계 맺기는 또 다른 장점이 있다. 바로 관계가 더 오래 간다는 점이다. 라면도 그렇다. 3분이면 익는데 30분 끓이면 죽이 된다. 인간관계도 마찬가지다. 너무 뜨겁게 달구면 금방 식는다. 대충, 적당히, 느슨하게 이어가는 관계가 오래 간다.

또 하나, 대충 해야 서로 편하다. 예를 들어 친구와 만나 밥을 먹는데

매번 계산을 반으로 나누고, 카톡 답장은 5분 안에 하고, 생일은 꼭 챙기고… 이런 식으로 규칙을 빡빡하게 세워두면 관계는 계약서처럼 된다. 그러다 한 번 어기면 삐지고, 그게 쌓이면 멀어진다. 하지만 대충하는 관계에서는 "야, 이번엔 네가 사."라든가 "카톡 답 늦었지? 미안, 바빴어."라는 말 한마디로 넘어간다. 서로 대충 하니까 서로 편하다.

생각해보면 오래 가는 관계는 다 대충이다. 어릴 적 친구랑은 몇 년간 연락이 없어도 갑자기 만나면 어제 본 것처럼 자연스럽다. 오히려 자주 연락하는 친구보다 더 오래가는 경우가 많다. 부모 자식 관계도 마찬가지다. 매일 전화하는 게 효도는 아니다. 가끔 전화해도, 만나면 웃고 이야기하면 된다. 중요한 건 횟수가 아니라 편안함이다.

물론 대충 한다는 게 무책임이나 무관심을 뜻하는 건 아니다. 최소한의 예의와 존중은 지켜야 한다. 하지만 그 이상은 굳이 매달리지 않아도 된다. 인간관계는 어차피 불완전하다. 가끔 서운하기도 하고, 때로는 오해도 생기고, 실수도 한다. 그런데도 이어지는 게 진짜 관계다. 완벽하려고 하면 오히려 더 빨리 깨진다. 대충 해야 오래 간다.

결국 인간관계의 비밀은 간단하다. 완벽한 관계를 만들려고 애쓸 필요 없다. 적당히 웃고, 적당히 챙기고, 적당히 거리를 두면 된다. 그 대충함 속에서 편안함이 자라고, 그 편안함 속에서 오래가는 관계가 만들어진다. 인간관계는 대충 해야 오래 간다. 그게 지혜다.

제 5 부

대충 건강하게
오래 사는 법

Good Enough Wins

건강에 대한 집착이
건강을 망친다

대충 먼저 보고 가자

1. 스트레스는 스트레스 호르몬 분비 및 자율신경계 균형을 무너뜨려 면역계, 심혈관계, 소화기계, 피부, 근골격계, 신경정신계를 망가지게 만드는 '만병의 근원'이다.

2. 스트레스를 받는 것은 어차피 막지 못하니 운동이나 취미로 스트레스를 자주 배출하고 스트레스 저항력을 키우도록 노력하자.

3. 분노 조절이 안되는 것은 지친 마음의 방어막이 찢어진 신호이다. 적절한 치료를 통해 마음의 상처를 치료하자.

4. 적당한 스트레스는 '망했다'가 아니라 '집중하라'는 신호로 받아들일 때 성과를 끌어올리는 연료가 된다.

5. 건강은 완벽 통제가 아니라 균형과 여유를 통해 이뤄진다. 과도한 집착을 내려놔야 건강하게 오래 산다.

6. 의학 정보를 과하게 파고들수록 불안만 커진다. 그냥 믿을만한 의사를 정해 함께 가는 편이 낫다.

7. 죽음과 노화를 담담히 받아들일 때 오늘이 선명해지고, 두려움에 쫓기지 않는 삶이 가능해진다.

1

만병의 근원, 스트레스

사람들이 흔히 하는 말이 있다. '만병의 근원은 스트레스다.' 너무 흔해서 약간은 진부해 보이는 말이지만, 들여다보면 진실이다. 병원에 와서 "선생님, 왜 이런 증상이 생겼을까요?"라고 물을 때, 의사가 "스트레스 때문이죠."라고 말하면 환자들은 보통 고개를 끄덕인다. 그런데 마음속으로는 이렇게 생각한다. '그래서 약은 뭐죠?'

스트레스는 참 애매하다. 눈에 보이지 않는다. 혈압처럼 숫자로 바로 찍히는 것도 아니고, X-ray에 잡히는 것도 아니다. 하지만 그렇다고 없는 게 아니다. 오히려 보이지 않는다는 게 더 무섭다. 눈에 안 보이는데, 몸 구석구석을 파고들어 진짜 병을 만든다. 스트레스가 몸을 무너뜨리는 원리는 단순하다. 뇌가 위협을 감지하면 '코티솔'[10] 같은

---

10 부신에서 분비되는 대표적인 스트레스 호르몬으로, 혈당 증가, 면역 억제, 에너지 대사 촉진 등 다양한 생리적 역할을 담당

스트레스 호르몬을 분비한다. 원래 이건 위기 상황에서 생존에 도움을 주는 장치다. 집중력을 높이고 에너지를 동원한다. 호랑이가 눈앞에 나타났을 때, '오늘 저녁은 삼겹살로 할까? 갈비살로 할까?' 고민하다 잡아먹히면 곤란하니까. 그런데 현대 사회에서는 호랑이 대신 상사, 마감, 카드값, 시험이 매일 우리를 덮친다. 뇌는 이를 구분하지 못한다. 결국 우리 몸은 늘 호랑이에게 쫓기는 상태가 된다.

그러다 보니 과학자들은 아예 스트레스를 수치로 재려는 시도를 해왔다. 대표적인 게 심박변이도(HRV)검사다. 심장은 단순히 '쿵쿵' 박동만 하는 게 아니다. 아주 미세한 간격 차이가 있다. 이 변동성이 크면 몸이 스트레스에 잘 적응한다는 뜻이고, 변동성이 작으면 스트레스에 짓눌려 있다는 뜻이다. 쉽게 말하면, 심장이 리듬을 자유롭게 타고 있으면 괜찮은 거고, 박자에 맞춰 딱딱하게만 뛰면 긴장 상태라는 거다.

또 다른 방법은 코티솔 측정이다. 침이나 혈액, 심지어 머리카락에서도 코티솔을 잴 수 있다. 아침에 코티솔이 적당히 올라갔다가 저녁에 떨어져야 정상인데, 만성 스트레스를 받으면 하루 종일 높게 유지되거나 아예 반대로 무너진다. 마치 회사 상사가 하루 종일 잔소리를 하는 상황과 비슷하다. 잠깐이면 괜찮은데, 아침부터 저녁까지 이어지면 몸이 못 버틴다.

그렇다면 스트레스는 실제로 어떤 질병을 만들까? 차근차근 살펴보자.

첫 번째는 면역계다. 「심리학 회보(Psychological Bulletin, 2004)」의 대규모 연구는 만성 스트레스가 면역세포 기능을 떨어뜨려 감염에 취약하게 만든다고 밝혔다. 실제로 시험 기간만 되면 학생들이 감기에 잘 걸리는 이유가 여기에 있다. 몸이 약해진 게 아니라, 스트레스가 면역을 갉아먹은 거다.

두 번째는 심혈관계 질환이다. 세계적인 의학 학술지 「란셋(The Lancet, 2017)」에서는 만성 스트레스가 뇌의 편도체를 과도하게 자극해 심장마비와 뇌졸중 위험을 높인다고 보고했다. 쉽게 말해 속이 부글부글 끓는 게 실제로 혈관도 끓게 만든다는 뜻이다. 혈압이 올라가고, 혈관 벽이 손상되며, 결국 심장이 무너진다. 화병은 비유가 아니라 의학적 사실이다.

세 번째는 소화기 질환이다. 위염, 위궤양, 과민성대장증후군. 발표를 앞두고 화장실을 들락날락한 경험, 누구나 있을 거다. 「위장관학(Gastroenterology, 2011)」연구에서는 만성 스트레스가 장내 미생물 균형을 깨뜨려 소화기 질환을 악화시킨다고 밝혔다. 머리에서 받은 스트레스가 장까지 내려가는 것이다. 뇌와 장은 사실상 직통선화로 연결돼 있다.

네 번째는 피부 질환이다. 아토피, 건선, 두드러기. 환자들에게 "언제 증상이 심해지나요?"라고 물어보면 거의 같은 대답이 나온다. "시험 기간이요.", "프로젝트 마감할 때요." 「미국의학협회 저널(The Journal of the American Medical Association, 2016)」 연구에서는 스트레스가 피부 염증을 악화시켜 증상을 심화시킨다고 밝혔다. 피부는 사실 내 마음을 밖으로 보여주는 전광판이다. 속이 힘들면 피부가 먼저 들썩인다.

다섯 번째는 암이다. 스트레스 자체가 암세포를 직접 만든다고 보긴 어렵다. 하지만 스트레스는 면역 기능을 억제해 암세포를 감시하고 제거하는 능력을 떨어뜨린다. 「네이처 암 리뷰(Nature Reviews Cancer, 2010)」 연구에서는 만성 스트레스가 종양 성장과 전이를 촉진하는 환경을 만든다고 밝혔다. 그래서 항암치료 중에도 스트레스 관리는 반드시 강조된다.

여섯 번째는 근골격계다. 목과 어깨가 늘 뭉쳐 있는 이유, 허리가 자주 아픈 이유에도 스트레스가 숨어 있다. 긴장 상태가 근육을 경직시키고 통증을 만든다. '목이 뻣뻣하다.'는 말은 은유가 아니라 의학적 현실이다.

일곱 번째는 가장 중요한 정신 질환이다. 스트레스는 불안장애, 우울증, 공황장애, 불면증 같은 정신 질환과 직접 연결된다. 「생물 정신의학(Biological Psychiatry, 2012)」 연구에 따르면, 반복적 스트레스는 뇌의 해마 부피를 줄여 우울증 위험을 높인다. 기억력과 집중력이 떨어지고, 의욕이 사라진다. 불안장애 환자들은 사소한 일에도 가슴이 두근거리고 불안이 커진다. 공황장애 환자는 갑자기 호흡곤란, 심장 두근거림, 죽을 것 같은 공포를 경험한다. 우울증 환자는 모든 게 무의미하고 에너지가 바닥난다. 불면증 환자는 밤새 뒤척이며 잠을 못 이룬다. 이 모든 것의 뿌리에 스트레스가 깊숙이 자리한다.

특히 사회불안장애 같은 경우는 스트레스와 거의 한 몸이다. 발표를 앞두고 '사람들이 나를 이상하게 보지 않을까?'라는 생각에 땀이 나고 목소리가 떨린다. 끝나고 나면 '내가 괜히 바보처럼 보였을 거야.'라는 자기비난이 뒤따른다. 사실 아무도 그렇게 신경 쓰지 않았는데, 본인은 그 불안 속에 갇혀버린다.

스트레스는 뇌의 구조까지 바꾼다. MRI 연구를 보면, 만성 스트레스를 받은 사람은 편도체가 과활성화되고, 해마(Hippocampus)[11]와 전두엽(Frontal lobe)[12]은 위축된다. 감정은 예민해지고, 판단력은 흐려진다. 뇌가 과열되다가 결국 꺼져버리는 것이다.

---

11 대뇌변연계의 측두엽에 위치하며, 장기기억과 학습을 담당
12 대뇌피질을 구성하는 주요 부위 중 하나로 추리, 계획, 운동, 감정, 문제해결에 관여

여기까지 들으면 이런 생각이 든다. '이 정도면 스트레스가 만병의 근원이 아니라 만병 자체 아닌가?' 맞다. 면역, 심혈관, 소화기, 피부, 암, 근골격계, 정신까지. 안 가는 데가 없다. 결국 이렇게 말할 수 있다. 건강하게 살려면 스트레스를 안 받아야 한다. 누구나 아는 진리지만, 세상에서 가장 어려운 일이다.

2

올바른 스트레스 관리법

스트레스는 누구나 피하고 싶어 한다. 하지만 피할 수가 없다. 흔히 말한다. '스트레스 관리의 최고 방법은 스트레스를 안 받는 거다.' 맞는 말이다. 그런데 이게 불가능하다. 직장 상사가 집에서 쉬라고 해줄 리도 없고, 카드값이 이번 달만 없을 수는 없다. 결국 우리는 스트레스라는 파도를 맞으면서 살아갈 수밖에 없다. 여기서 중요한 건 스트레스의 입력, 즉 들어오는 걸 통제하기 어렵다는 사실이다. 막으려 해도 소용이 없다. 마치 우산으로 태풍을 막으려는 것과 같다. 아무리 좋은 우산을 펴도 결국 젖는다. 그러니 애초에 들어오는 스트레스를 완전히 차단하려는 생각은 내려놓는 게 낫다.

방법은 크게 두 가지다.

첫째, 스트레스가 쌓이지 않게 자꾸 흘려보내는 것이다.

둘째, 스트레스를 받아도 잘 버틸 수 있도록 저항력을 높이는 것이다.

스트레스는 쓰레기와 비슷하다. 집에 쓰레기가 쌓이면 냄새가 나고, 곰팡이가 피고, 결국 벌레가 꼬인다. 스트레스도 마찬가지다. 쌓이면 터진다. 그래서 자꾸 빼내야 한다. 가장 대표적인 게 운동이다. 땀을 흘리고, 심장을 펌프질하면 신기하게도 머리도 가벼워진다. 회사에서 부장님한테 잔소리 들은 것도 러닝머신 위에서 30분 뛰고 나면 '뭐, 부장님도 자기 나름대로 힘들겠지.'라며 넘어가게 된다.

운동 말고도 취미가 좋은 배출구다. 그림을 그리든, 악기를 연주하든, 요리를 하든, 심지어는 레고를 맞추든 상관없다. 중요한 건 스트레스를 머릿속에만 두지 않고 바깥으로 흘려보내는 것이다. 어떤 사람은 게임을 한다. '게임이 뭐 스트레스 해소냐?'라고 할 수 있겠지만, 본인은 몬스터 잡고 나면 훨씬 기분이 좋다. 그럼 그게 해소다.

실제 사례가 있다. 한 직장인은 스트레스가 쌓이면 아무 말도 못 하고 집에 들어와서 혼자 맥주만 마셨다. 그런데 점점 잠도 안 오고 위염이 생겼다. 결국 병원에서 스트레스 해소 방법을 바꾸라는 조언을 들었다. 그래서 달리기를 시작했다. 처음엔 1km도 못 뛰고 헉헉거렸는데, 한 달쯤 지나자 5km를 뛸 수 있게 됐다. 신기하게도 부장님의 잔소리가 예전처럼 크게 들리지 않았다. 방법을 바꿨더니 배출구

(Output)가 생긴 것이다.

물론 스트레스를 빼내는 것만으로는 한계가 있다. 중요한 건 같은 스트레스를 받아도 흔들리지 않는 힘, 즉 저항력이다. 똑같이 100이라는 스트레스를 받아도 어떤 사람은 무너지고 어떤 사람은 '뭐, 그럴 수도 있지.' 하고 넘어간다. 차이는 저항력이다. 직장에서 프로젝트가 무산됐다고 하자. A는 '내 인생은 끝났어.'라며 좌절하고, B는 '이번엔 안 됐지만 다음에 잘하면 되지.'라고 말한다. 똑같은 사건인데 무게가 다르다.

이 저항력은 단련할 수 있다. 헬스장에서 근육을 키우듯 하루아침에 보이진 않지만, 경험이 쌓이면서 늘어난다. 실패를 몇 번 겪어본 사람은 실패가 오더라도 덜 흔들린다. 스트레스에 맞는 내성이 생기는 것이다. 학생들의 시험 사례도 비슷하다. 어떤 학생은 시험 성적이 조금만 떨어져도 '나는 쓸모없는 사람인가 봐.'라고 생각한다. 반대로 다른 학생은 '이번엔 망쳤네, 근데 뭐 어때? 다음에 잘하면 되지.'라고 넘긴다. 점수는 똑같이 낮았는데 한쪽은 우울로 가고, 한쪽은 다시 공부할 힘을 낸다. 결국 차이는 저항력이다.

살다 보면 '아, 진짜 스트레스다.' 싶은 순간은 너무 많다. 교통 체증, 회사 회의, 카드값, 시험, 집안일, 심지어 카톡 단체방 알림까지. 이런 스트레스를 아예 없애는 건 불가능하다. 들어오는 건 어차피 막을 수 없다. 그래서 답은 분명하다. 쌓이지 않게 빼내고, 동시에 잘 버틸 힘을 키우는 것. 결국 올바른 스트레스 관리의 비밀은 간단하다. 스트레스를 없애려 하지 말자. 대신 흘려보내고, 버틸 힘을 기르자. 스트레스 없는 인생은 없지만 스트레스에 짓눌리지 않는 인생은 가능하다. 방법은 어렵지 않다. 쌓이지 않게 자꾸 빼내고, 조금씩 단단해지는 것. 그것이야말로 올바른 스트레스 관리다.

3

마음도 상처를 받는다

요즘 정신과에 오는 환자들 중 이런 분들이 많다. "선생님, 저 혹시 분노조절장애 아닐까요?" 본인도 느낀다. 예전보다 화가 늘고, 사소한 일에도 욱하는 자신이 낯설고 무섭다. 주변 사람들도 자꾸 말한다. "너 요즘 왜 이렇게 예민해졌어?" 흔히 말하는 분노조절장애의 진짜 의학적 병명은 간헐적 폭발성 장애다. 하지만 실제로 이 진단을 받는 경우는 드물다. 대부분은 우울장애나 적응장애, 혹은 불안장애가 바탕에 깔려 있는 경우가 많다. 즉, 분노조절 자체의 문제가 아니라 이미 지쳐버린 마음, 스트레스에 눌린 상태에서 감정 조절력이 약해진 결과인 경우가 많다.

사람에게는 원래 스트레스를 흡수하고 조절하는 완충 장치가 있다. 일종의 감정 방어막이다. 그런데 스트레스가 너무 많아지면 이 방어막이 찢어진다. 그러면 작은 자극에도 크게 흔들린다. 평소 같으면 그냥 웃고 넘겼을 일에 괜히 발끈하고, 말도 안 되는 사소한 상황에서 욱하게 된다. 이런 상태를 새 신발에 비유할 수 있다. 발에 딱 맞지 않는 신발을 억지로 신으면 멀쩡한 길도 걷기 힘들다. 발 뒤꿈치가 헐고, 물집이 잡히고, 조금만 닿아도 아프다. 감정도 똑같다. 이미 마음에 상처가 난 상태에서는 아주 작은 말이나 상황에도 과민하게 반응한다.

실제 사례를 보자. 한 회사원이 있었다. 업무는 많고 상사와의 관계도 나빴다. 스트레스는 매일 쌓였다. 그는 참고 버텼다. 하지만 어느 날, 집에서 아이가 떼를 쓰자 순간적으로 폭발했다. 아이에게 심한 말을 하고 나서 그는 큰 죄책감에 빠졌다. 다음날 직장에서도 작은 일에 분노가 올라와 결국 상사에게까지 화를 냈다. 갈등은 커졌고, 그는 혼란스러웠다. '나는 원래 이런 사람이 아닌데 왜 이러지?' 문제는 이런 화가 대개 가까운 사람에게 향한다는 점이다. 상사나 낯선 사람에게는 본능적으로 억누르지만, 가족에게는 풀어버린다. 특히 아이들이 대상이 된다. 아이에게 소리를 지른 뒤 죄책감에 시달리고, '왜 그랬을까…' 후회하지만, 다음 날 또 반복된다. 아이의 마음에 상처가 생기고, 가정에는 긴장감이 흐른다. 배우자는 점점 지치고, 집안 분위기는 무겁게 가라앉는다. 결국 화를 내는 사람도 힘들고, 맞는 사람도 힘들다.

여기서 중요한 건, 이 상황이 단순히 '성격 탓'이 아니라는 사실이다.

많은 환자들이 "저는 원래 성격이 불같아요."라고 말하지만, 실제로는 성격 문제가 아니다. 마음이 약해지고, 우울이나 불안이 커지면서 감정 방어막이 약해진 결과다. 실제로 주요우울장애 환자 중 상당수가 사소한 일에도 화가 치민다고 호소한다. 우울은 단순히 기분이 가라앉는 병이 아니라, 분노라는 방식으로도 튀어나올 수 있다. 정신과 치료를 하면 이 부분이 달라진다. 약물치료나 정신치료를 통해 마음의 상처가 회복되면, 자연스럽게 스트레스 저항력이 커진다. 우울증 치료를 받은 환자들이 "예전에는 사소한 일에도 짜증이 폭발했는데, 지금은 그냥 그러려니 하고 넘겨요."라고 말한다. 방어막이 다시 두꺼워진 것이다. 즉, 치료를 하면 분노를 직접 다루지 않아도, 자연스럽게 분노 조절이 가능해진다.

정신의학적으로는 감정 조절력이 전두엽의 기능과 관련이 깊다. 우울이나 불안이 심할 때는 전두엽이 제 기능을 못 한다. 그래서 감정의 브레이크가 고장 난다. 하지만 치료로 전두엽 기능이 회복되면, 브레이크가 다시 작동한다. 뇌의 균형이 맞춰지면 화도 제어할 수 있게 된다. 생각해보면 당연하다. 마음이 지쳐 있는 상태에서 '화를 참아야지.' 한다고 참아지는 게 아니다. 이미 방패가 찢어졌는데, '정신력으로 막아라.'라고 하는 건 불가능하다. 방패를 고쳐야 한다. 치료는 그 방패를 다시 **튼튼**하게 만들어준다.

이런 원리를 모르면 자꾸 엉뚱한 해석을 하게 된다. '나는 성격이 나빠서 그래.', '내가 부모로서 자격이 없어서 그래.'라고 자책한다. 하지만 그건 사실이 아니다. 마음이 아픈데 치료를 받지 않아서 생기는 결과일 뿐이다. 상처 난 마음을 돌보면 화는 자연스럽게 줄어든다. 화가 많아졌다고 해서 무조건 분노조절장애는 아니다. 대부분은 스트레스가 과부하된 상태, 혹은 우울이나 불안이 겹쳐진 상태. 치료를 하면 마음이 회복되고, 스트레스 저항력이 커지고, 그 결과 분노도 조절된다. 결국 중요한 건 성격이 아니라 상태다. 그리고 상태는 관리와 치료로 바꿀 수 있다.

결국 결론은 단순하다. 화가 많아진 건 나쁜 성격 때문이 아니라 마음이 힘들다는 신호다. 이 신호를 무시하지 말고, 제대로 돌봐야 한다. 치료를 받으면 스트레스 저항력이 회복되고, 분노는 저절로 조절된다. 성격을 바꾸는 게 아니라, 마음을 회복하는 것이다. 그래서 혼자서 힘들면 전문가를 찾아야 한다. 몸에 상처가 나면 병원에 가듯, 마음의 상처도 마찬가지이다.

4

스트레스를 이용하자

우리는 보통 스트레스를 '만병의 근원'이라고 부른다. 듣기만 해도 짜증이 올라오는 단어다. 하지만 잘 뜯어보면, 스트레스는 무조건 악당은 아니다. 때로는 조연 배우처럼 긴장을 높여주고, 심지어는 주인공을 빛나게 만들어주기도 한다. 문제는 우리가 이 놈을 어떻게 다루느냐다.

회사원 A씨의 이야기를 해보자. 중요한 발표를 앞두고 그는 며칠 동안 거의 잠을 못 잤다. 심장은 두근거리고, 손바닥은 땀 범벅. '나 망하면 어떡하지?'라는 불안감이 목을 죄었다. 그런데 그는 그 불안을 이용하기로 했다. 발표 자료를 더 세밀하게 다듬고, 예상 질문까지 싹 정리했다. 발표 날, 그는 평소보다 더 또렷하게 말했고, 동료들의 박수는 뜨거웠다. 그 뒤로 그는 깨달았다. '아, 스트레스는 날 잡아먹는 괴물이 아니라, 나를 밀어주는 채찍일 수도 있구나.'

비슷한 이야기는 학생들 사이에서도 많다. 대학 입시를 앞둔 한 학생. 주변에서는 "야, 스트레스 받지 마."라고 하지만, 그런 말이 제일 스트레스다. 그는 차라리 발상을 바꿨다. '그래, 이 긴장감으로 공부 속도를 올려보자.' 스트레스가 커질수록 오히려 더 집중했고, 어려운 문제도 물고 늘어졌다. 결과는 합격. 친구들이 "너 멘탈 갑이다."라고 했지만, 사실 그는 멘탈이 강한 게 아니라 스트레스를 연료처럼 쓴 것뿐이었다. 운동선수들도 마찬가지다. 큰 경기를 앞두면 다들 긴장한다. 그런데 너무 긴장이 풀리면 오히려 실수를 한다. 그래서 적당한 스트레스는 경기력을 끌어올린다. 마라톤 선수가 출발선에서 느끼는 심장 두근거림, 복싱 선수가 링 위에 오를 때의 긴장감. 다 스트레스다. 그런데 그게 없으면 집중도, 폭발력도 사라진다.

작가들의 세계도 다르지 않다. 마감이라는 단어는 작가에게 공포이자 축복이다. 한 작가는 이렇게 말했다. "마감이 없으면 글을 안 씁니다. 마감이 있으니까 불안해서라도 써요." 마감 직전, 스트레스는 그들의 창의력을 최대치로 끌어올리는 마법 같은 역할을 한다. 독자들이 읽고 감탄하는 멋진 글 뒤에는 언제나 스트레스라는 '숨은 공신'이 있다. 이쯤 되면 질문이 생긴다. 왜 어떤 사람은 스트레스에 무너지고, 또 어떤 사람은 그걸 연료로 쓰는 걸까? 차이는 태도다. 스트레스를 '피해야 할 적'으로 볼지, '이용할 수 있는 도구'로 볼지의 차이다. 같은 자극도 해석을 달리하면 전혀 다른 결과를 낳는다.

사실 스트레스는 신호다. '지금 중요한 순간이야. 정신 바짝 차려.' 이렇게 알려주는 경고등 같은 존재다. 그런데 우리는 그 신호를 보고 '아, 망했다. 큰일 났다.'라고만 생각한다. 그러니 더 불안해지고, 몸은 경직되고, 결국 제 실력을 못 낸다. 반대로 그 신호를 '좋아, 집중할 때가 왔군.'이라고 받아들이면, 오히려 능력이 올라간다.

한 가지 유머러스한 비유를 들어보자. 스트레스는 마치 집에 오는 잔소리 많은 친척 같다. 오면 귀찮고, 떠들고, 괜히 기분 상하게 만든다. 하지만 잘만 활용하면 얻는 것도 있다. "너 공부 안 하냐?"라는 말에 진짜로 책상에 앉게 될 수도 있고, "너 살 빠진 거 같아?"라는 말에 왠지 기분 좋아질 수도 있다. 결국 어떻게 받아들이느냐의 문제다.

물론 여기서 오해하면 안 된다. '그럼 스트레스는 무조건 좋은 거네?' 절대 아니다. 너무 많은 스트레스는 누구든 무너뜨린다. 문제는 '적당한 긴장'이다. 스트레스는 독이 될 수도, 약이 될 수도 있다. 칼이 위험하지만 요리할 땐 꼭 필요한 도구인 것처럼, 스트레스도 쓰임새에 따라 달라진다. 중요한 건 관점이다. 스트레스가 오면 '아, 지금 중요한 순간이구나. 내가 뭔가 하고 있구나.'라고 생각하면 된다. 회피하지 말고, 정면에서 붙잡아 활용하는 것이다. 그러면 스트레스는 부담이 아니라, 성장의 계단이 된다.

결국 스트레스는 삶에서 없어지지 않는다. 그렇다면 싸우는 대신 친구처럼 다뤄야 한다. 부담스러운 손님 같지만, 때로는 집안을 정리하게 만드는 손님. 성가신 잔소리꾼 같지만, 결국 우리를 움직이게 만드는 동기. 스트레스를 적으로만 보면 늘 피곤하다. 하지만 도구로 보면, 인생의 성적표를 바꾸는 무기가 된다. 그러니 다음에 스트레스가 찾아오면 너무 두려워하지 말자. 그건 나를 괴롭히기 위해서가 아니라, '넌 지금 중요한 길목에 있다.'라고 알려주는 신호일지도 모른다. 스트레스를 통제할 줄 아는 사람이 결국 성공한다. 왜냐하면, 이 세상에서 스트레스 없는 인생은 없으니까. 없애는 게 아니라 잘 쓰는 게 답이다.

5

대충 살아야 건강하다

병원에 오는 사람들 중에는 자주 이런 이야기를 한다. "선생님, 저 혹시 큰 병이 숨어 있는 거 아닐까요?" 증상은 거의 없는데 마음이 불안하다. 건강검진도 정상인데도 안심이 안 된다. 인터넷에 검색하면 바로 무서운 병명이 뜨니까 목이 조금 두꺼운 것 같으면 갑상선암, 배가 아프면 췌장암, 두통이 있으면 뇌종양처럼 느껴진다. 클릭 몇 번이면 누구나 희귀병 환자가 될 수 있는 세상이다. 이것을 전문 용어로는 질병불안장애라고 부른다. 예전에는 건강염려증이라고 했다. 건강에 대한 관심이 지나쳐서 오히려 불안과 집착으로 바뀐 경우다. 이런 사람들은 병원을 반복해서 찾고, 검사를 해도 이상이 없다고 하면 "아직 발견되지 않았을 뿐"이라며 더 불안해진다. 몸이 아니라 마음에 문제가 있는 것이다.

진료실에서 이런 대화를 한 적이 있다. "선생님, 저는 다 했습니다.

유기농만 먹고, 정해진 시간에 운동했고, 설탕도 끊었어요. 술 담배는 평생 안 했습니다. 그런데 왜 제가 암에 걸린 거죠?", "정말 최선을 다 하셨습니다. 하지만 그건 건강할 확률을 높인 거지, 질병을 완전히 막을 수는 없어요." 그러자 그 환자는 말했다. "그럼 전 뭘 위해 살았던 거죠…?" 그 좌절은 충분히 이해가 된다. 최선을 다했는데 결과가 그만큼 따라주지 않을 때, 인간은 억울하고 무력해진다. 특히 건강은 감정과 직결되기 때문에 더 크게 와닿는다. 하지만 인간의 몸은 기계가 아니다. 수많은 변수가 있고, 모든 걸 통제할 수는 없다. 통제할 수 없는 일을 인정하는 것도 건강의 일부다.

문제는 완벽하게 건강하려는 집착이 오히려 병을 만든다는 점이다. 하루에 수십 가지 영양제를 먹는 사람도 있고, 음식을 먹을 때마다 성분표를 일일이 확인하느라 밥상이 늘 전쟁터가 되는 사람도 있다. 여행 중에도 식단 관리 때문에 제대로 즐기지 못하고, 가족 모임에서조차 본인 기준에 맞지 않으면 음식을 거부한다. 몸은 멀쩡할지 몰라도 마음은 이미 병들고 있다.

환자들은 진료를 받을 때도 제각각이다. 어떤 사람은 엄청 꼼꼼하다. 약을 식후 30분에 먹으라고 하면 정확히 30분을 재서 먹는다. 증상 변화를 꼼꼼하게 기록해서 의사에게 보고한다. 진료 후에도 전화해서 질문을 이어간다. 언뜻 보면 모범 환자다. 반대로 어떤 환자는 건성이다. 약 먹는 시간도 들쑥날쑥하고, 가끔은 아예 깜빡한다. 진료 예약도 잊어버린다. 상식적으로는 꼼꼼한 환자가 더 빨리 좋아질 것 같지만, 의외로 결과는 반대일 때가 많다. 꼼꼼한 환자는 치료 과정 자체가 스트레스다. 뭔가 빠뜨릴까 불안하고, 정확히 지키지 못하면 죄책감을 느낀다. 결국 그 스트레스가 증상을 악화시킨다. 특히 정신과 질환처럼 스트레스가 주요 원인일 경우, 치료 과정이 스트레스가 되면 효과가 떨어질 수밖에 없다. 반면 대충 환자는 다르다. 약을 좀 빼먹어도, 시간을 놓쳐도 크게 개의치 않는다. 그러니 치료 과정이 삶에 큰 부담이 되지 않는다. 오히려 여유롭게 치료를 받아들이고, 그게 회복에 도움이 된다. 결국 치료에서 중요한 건 완벽함이 아니라 편안함이다.

사람들은 흔히 건강을 완벽하게 지킬 수 있다고 믿는다. 좋은 음식, 좋은 운동, 좋은 습관을 다 챙기면 절대 병에 안 걸릴 거라고 생각한다. 하지만 의학적으로 그건 착각이다. 건강 습관은 확률을 높일 뿐이지, 결과를 보장하지는 않는다. 마치 안전벨트와 같다. 사고가 안 나는 게 아니라, 사고가 나도 피해를 줄여주는 장치일 뿐이다. 그런데 많은 사람들이 이걸 계약서처럼 생각한다. '내가 이렇게 노력했으니 병에 걸리면 안 된다.' 하지만 몸은 계약대로 움직이지 않는다. 유전, 환경, 우연 같은 변수들이 늘 존재한다. 그래서 완벽주의적 태도는 쉽게 배신당하고, 그 배신감은 더 큰 절망으로 돌아온다.

내가 의사로서 강조하는 건, 건강은 복잡하게 지키는 게 아니라 단순하게 챙기는 것이다. 스트레스를 덜 받고, 적당히 운동하고, 술 담배는 피하고, 정기적으로 건강검진을 받는 것. 그중에서도 건강검진이 제일 중요하다. 병을 예방하거나 초기에 발견할 수 있는 거의 유일한 방법이기 때문이다. 실제로 아무리 좋은 음식을 먹고 열심히 운동해도 검진 한 번 안 받다가 병을 키우는 경우를 많이 본다. 건강기능식품 수십 알을 먹으면서도 건강검진은 미루는 건, 차를 매일 세차하면서도 브레이크 점검은 안 하는 것과 같다.

건강을 지키려는 노력은 필요하다. 하지만 완벽주의적 태도는 오히려 독이 된다. 꼼꼼하게 챙기려다 스트레스에 시달리고, 불안을 키운다. 반대로 대충 사는 사람들이 더 오래 건강하게 사는 경우도 많다. 정신과 진료실에서도 이런 역설이 자주 보인다. '모든 걸 완벽하게 해야 한다.'는 환자는 오히려 증상이 악화된다. 반면 '좀 빼먹어도 괜찮지 뭐.'라고 생각하는 환자는 여유가 생기고, 그게 치유로 이어진다. 결국 치료는 성실성보다 편안함이 더 중요하다.

나는 환자들에게 종종 이렇게 말한다. "건강은 챙기는 거지, 쥐어짜는 게 아닙니다." 너무 꽉 쥐면 오히려 부서진다. 건강도 그렇다. 완벽하게 통제하려는 순간, 몸과 마음은 스트레스에 짓눌린다. 진짜 건강은 완벽이 아니라 균형에서 나온다. 가끔은 맛있는 음식을 마음껏 먹고, 운동을 빼먹는 날도 필요하다. 건강한 음식만 고집하느라 가족과 다투는 것보다, 가끔 치킨과 맥주를 함께 먹으며 웃는 게 더 건강하다. 마음이 편해야 몸도 편하다.

결국 답은 간단하다. 너무 완벽하려고 애쓰지 말자. 병원 진료도, 건강 습관도, 인간관계도 조금은 대충 해야 오래 간다. 지나친 집착은 오히려 병을 만들고, 적당히 놓고 균형 있게 챙기는 태도가 몸과 마음을 함께 지킨다. 오늘 밤 치킨을 먹고 싶다면 먹어도 된다. 대신 내일은 가볍게 산책하면 된다. 약을 한 번 빼먹었다고 자책하지 말고, 그냥 다음 날 챙기면 된다. 건강은 완벽한 성실이 아니라 꾸준한 균형에서 나온다. 진짜 건강의 비밀은 생각보다 단순하다. 대충 해야 오래 산다.

6

아는 것이 병이다

환자들 중에는 이렇게 말하는 사람들이 있다. "선생님, 제가 공부를 좀 했는데요…." 이들은 의학 교과서, 최신 논문, 심지어 유튜브 채널까지 섭렵한다. 가끔은 의사인 나보다 더 새로운 정보를 먼저 알고 와서 "선생님, 이 약이 요즘 외국에서 새로 나왔다던데요?" 하고 묻는다. 놀랍기도 하지만 솔직히 조금 걱정스럽다. 왜냐하면 이상하게도 이런 환자일수록 치료가 잘 안 되기 때문이다.

이유는 단순하다.

첫째, 불안 때문이다. 정신과 질환은 불안에서 출발하는 경우가 많다. 그런데 환자가 너무 많은 의학 정보를 접하면 오히려 불안은 커진다. 인터넷에 떠도는 질병 사례 하나만 봐도 '이거 나한테도 있는 증상 아닌가?' 하고 겁부터 난다. 결국 머릿속은 온갖 최악의 시나리오로 가득 찬다. 실제 진료를 보면 별 문제 없거나 금방 좋아질 수 있는 경우가 많다. 하지만 환자는 이미 자기 장례식까지 치러놓은 상태다.

둘째, 어설픈 지식 때문이다. 조금 아는 게 가장 위험하다. 의학은 복잡하다. 기본적인 기전만 해도 책 수십 권이 필요하다. 짧은 시간에 인터넷으로 검색한다고 다 알 수 있는 게 아니다. 자동차를 생각해 보자. 우리가 차를 탈 때 엔진이 어떻게 폭발하고 피스톤이 어떻게 움직이는지 다 알 필요는 없다. 중요한 건 운전법이고, 고장은 정비소에 맡기면 된다. 그런데 일부 환자들은 자동차 매뉴얼 몇 장 읽고 정비소 기사보다 더 아는 척을 한다. 그러다 괜히 부품을 잘못 만져서 더 큰 고장을 내는 격이 된다.

실제로 환자 중 한 분은 자기 병을 너무 깊게 파고들다 스스로 우울증과 불면증을 악화시켰다. 병원 여러 군데를 전전하면서 의사마다 진단이 다르니 더 혼란스러워졌다. 스스로 진단을 내리고 약까지 추천했지만, 그가 진짜 필요했던 건 새로운 정보가 아니라 믿을 수 있는 의사의 설명과 마음의 안정이었다. 의학은 원래 복잡하고, 때로는 설명해도 환자가 바로 이해하기 어렵다. 사실 이해 못 해도 상관없다. 자동차가 어떻게 달리는지 몰라도 운전할 수 있고, 휴대폰이 어떤 전자 회로로 작동하는지 몰라도 사용할 수 있듯이 말이다. 환자가 다 알아야 병이 나아지는 게 아니다. 오히려 모르는 게 낫다. 완전히 모르면 의사의 말을 더 잘 받아들이고, 불안도 줄어든다.

결국 중요한 건 의학 지식을 얼마나 많이 아느냐가 아니라, 어떤 의사를 만나느냐다. 의사가 믿음이 안 가면 솔직하게 말해서 바꾸면 된다. 병은 신뢰가 가지 않는 의사에게 억지로 매달려서는 잘 낫지 않는다. 반대로, 믿을 수 있는 의사를 만났다면 설명이 이해되지 않아도 그냥 따라가는 게 현명하다. 모든 걸 이해하려다 치료를 망치는 것보다, 의사의 지시를 맹목적으로라도 지키는 편이 건강을 지키는 길이다.

물론 환자가 자기 건강에 무관심해야 한다는 뜻은 아니다. 예방 상식이나 기본적인 건강 습관은 충분히 도움이 된다. 하지만 지나친 정보 탐닉은 독이다. '혹시 이게 아닐까?, 저게 아닐까?' 하면서 검색을 반복하다 보면 몸은 괜찮은데 마음이 먼저 병든다. 인터넷에는 수많은 경험담과 단편적인 지식이 떠다닌다. 그러나 의학은 개인의 경험을 넘어 통계와 과학으로 다뤄야 하는 영역이다. 전문가가 아닌 환자가 모든 정보를 걸러낼 수는 없다.

내가 환자들에게 자주 하는 말이 있다. "건강은 본인이 지키는 게 아니라, 의사랑 함께 지키는 겁니다." 의사가 할 일과 환자가 할 일이 있다. 환자가 할 일은 정보를 쌓아올리는 게 아니라, 믿을 수 있는 의사를 고르고 그와 신뢰 관계를 쌓는 것이다. 사실 건강을 망치는 건 병보다 불안일 때가 많다. 아는 게 많을수록 불안도 커지고, 불안이 커지면 치료 효과는 떨어진다. 반대로 '나는 잘 모르니까 의사한테 맡겨야지.' 하는 마음을 가진 환자는 훨씬 편하다. 치료 과정도 덜 힘들고, 회복도 빠르다.

결국 중요한 건 정보가 아니라 태도다. 의학적 판단은 전문가에게 맡기자. 실력이 없다고 생각되면 다른 의사를 찾으면 된다. 하지만 신뢰가 된다면, 다 이해되지 않아도 그냥 따라가자. 자동차가 어떻게 달리는지 몰라도 정비소에 맡기듯이, 몸의 고장은 의사에게 맡기면 된다. 너무 많은 정보를 쥐고 흔들려다가는 오히려 병을 키운다. 건강을 지키는 비밀은 의학적 지식이 아니라, 신뢰와 여유다. 조금 덜 알고, 조금 더 믿는 편이 훨씬 안전하다. 그러니 불안할 때 인터넷 검색창 대신 믿을 만한 의사 한 명을 선택하자. 의사가 제대로 믿음직하다면, 이해가 안 돼도 그냥 따르는 게 오히려 현명하다. 그것이 진짜 건강을 지키는 길이다.

7

누구나 결국 죽는다

사람은 결국 죽는다. 이건 반전 없는 결말이다. 그런데 사람들은 오래 살고 싶어 한다. 그 안에는 은근슬쩍 감춰진 욕심이 있다. '안 늙고, 안 아프고, 안 죽고 싶다.' 건강에 집착하는 사람일수록 이 욕심을 숨기지 못한다. 아침엔 유산소, 저녁엔 웨이트, 틈틈이 항산화제와 오메가3를 챙겨 먹는다. 저탄고지 식단은 기본이고, 줄기세포, 장수 유전자라는 단어에 귀가 쫑긋한다. 결국 모든 노력이 하나의 욕망으로 모인다. 죽음을 늦추고 싶다는 욕망.

물론 건강을 챙기는 건 소중하다. 하지만 '죽음을 두려워한 나머지 살아 있음을 잊는 것'은 아이러니다. 두려움이 욕심이 되고, 욕심이 스트레스로 바뀌고, 스트레스가 건강을 해친다. 아이러니하게도 오래 살고 싶다는 욕망이 오히려 수명을 깎아먹는 셈이다. 사실 우리는 태어나는 순간부터 죽음을 향해 걷는다. 세포는 매 순간 손상되고, 나이가 들수록 복구 속도는 느려진다. 심장은 하루 10만 번 넘게 뛰지만 100년을 버티긴 어렵다. 신장은 소금에 지치고, 췌장은 설탕에 지친다. 피부는 늘어지고, 관절은 삐걱인다. 이 모든 건 마치 모래시계 속 모래처럼 조용하고도 꾸준히 진행된다.

노화는 병이 아니다. 그냥 자연이다. 병원에 가도, 명의를 찾아가도, 노화를 되돌릴 약은 없다. 과학이 수많은 병을 치료했지만 죽음만큼은 아직 손도 못 댔다. 아마 영원히 못 댈지도 모른다.

죽음은 공평하다. 세금보다도, 교육보다도, 기회의 불평등보다도 더 공평하다. 부자도 죽고, 가난한 사람도 죽는다. 위인도 죽고, 범죄자도 죽는다. "죽음은 민주적이다." 이 말만큼 강력한 위로가 있을까. 하지만 사람들은 이 공평함을 잘 받아들이지 못한다. 주름 하나에도 민감하고, 흰머리 한 가닥에도 염색약을 찾는다. '나는 아직 젊다.'는 걸 증명하려고 화장품을 바꾸고, 영양제를 늘린다. 물론 나쁘진 않다. 하지만 그 시도가 '죽음을 부정하려는 발버둥'이 되는 순간 고통이 시작된다.

빅터 프랭클은 『죽음의 수용소에서』에서 이렇게 말했다. "삶의 의미는 상황이 아니라, 태도에서 비롯된다." 그는 나치 강제수용소에서 모든 것을 빼앗겼다. 집도, 가족도, 자유도 없었다. 내일 자신이 가스실로 끌려갈지, 강제노역에 쓰러질지조차 알 수 없는 절망적인 상황이

제5부 대충 건강하게 오래 사는 법

었다. 하지만 그는 마지막 순간까지 질문을 멈추지 않았다. '지금 이 순간, 나는 어떤 삶을 살고 있는가?' 그는 인간에게서 모든 것을 빼앗을 수는 있어도, 한 가지는 빼앗을 수 없다고 말했다. 바로 '태도를 선택하는 자유'다. 죽음 앞에서조차 어떻게 살아낼 것인가는 자신의 선택이라는 것이다. 그는 극한 상황에서 이 진리를 붙들었고, 그것이 그를 버티게 했다.

프랭클은 단순히 철학적인 말을 한 게 아니다. 그는 실제로 죽음을 인정하고 받아들임으로써 하루하루를 살아낼 힘을 얻었다. 내일이 올지 모르는 상황에서 오늘 동료에게 따뜻한 말을 건네고, 빵 한 조각을 나눌 때 그 삶은 더 깊어졌다. 죽음을 받아들였기에 오히려 삶을 더 선명하게 붙잡을 수 있었던 것이다.

나이가 들수록 죽음을 생각할 기회가 많아진다. 지인의 부고 소식, 건강검진 결과, 부모님의 주름진 얼굴. 하지만 그럴수록 더 뚜렷하게 다가오는 것이 있다. 바로 '오늘이 소중하다.'는 감각이다. 죽음을 외면하지 않는 사람만이 삶을 온전히 살아낸다. 노화는 실패가 아니라 과정이다. 주름은 흔적이고, 통증은 통과의례다. 그걸 받아들일 수 있을 때 비로소 자유로워진다.

그러니 이렇게 말해보자. "나는 늙는다. 나는 아프다. 나는 언젠가 죽는다. 하지만 지금 나는 살아 있다." 죽음과 노화를 받아들이는 것이야말로 건강하게 오래 사는 법이다. 아이러니하게 들릴지 몰라도, 그것이 진짜다. 받아들이면 가벼워지고, 가벼워지면 오래 산다. 우리가 필요로 하는 건 끝없는 젊음이 아니라, 담담하게 나이 들며 하루를 웃을 수 있는 용기다.

제6부

대충 훌륭하게 키우는 법

Good Enough Wins

완벽하게 키우려다가
완벽하게 망한다

대충 먼저 보고 가자

1. 부모는 모든 걸 대신 정하는 조종사가 아니라, 아이가 넘어지면 다시 일어나도록 옆에서 손 내미는 지원자여야 한다.

2. 부모가 자기 삶을 버리고 아이에 올인하면, 아이는 압박과 의존만 커지고 부모도 공허해진다. 적당한 거리와 각자의 삶을 지키는 태도가 둘 다를 건강하게 만든다.

3. 사랑은 '많이'가 아니라 '맞게' 주는 것이다. 아이가 원하는 것을 존중할 때 자율성과 즐거움이 자란다.

4. 공부도 타고난 차이가 있어 노력 만으로 모두 1등이 되진 않는다. 아이의 재능을 인정하고 방향을 유연하게 바꾸는 게 교육이다.

5. 자녀를 붙잡고 통제하면 모든 관계가 병들고 결국 큰 단절로 이어진다. 성인 대 성인으로 존중하며 독립을 허용할 때 관계가 오래간다.

6. 진로와 결혼 같은 큰 선택은 본인이 해야 한다. 부모는 조언까지만, 결정권은 아이에게 넘겨야 후회와 원망이 줄어든다.

7. 집안 공기는 부모의 표정과 생활에서 만들어진다. 부모가 자기 삶을 잘 챙길수록 아이도 안정되고 쎅쎅해진다.

8. 감사와 효심은 절반쯤 기질이어서 '해준 만큼 돌아온다'는 보장은 없다. 기대를 낮추고 조건 없이 사랑하면, 돌아오는 효도는 덤이 되고 마음이 편해진다.

1

보조바퀴는 언젠가 떼야 한다

　네 발 자전거에서 보조바퀴를 떼는 순간, 아이는 인생 최초의 독립을 경험한다. 처음에는 중심을 못 잡아 비틀거리다가도 어느 순간 균형을 잡고 앞으로 나아간다. 그리고 깨닫는다. '아, 나도 할 수 있구나.' 부모의 역할은 여기서 분명해진다. 아이가 넘어지지 않게 뒤에서 잡아주는 것? 아니다. 넘어졌을 때 조용히 다가가 손 내밀어주는 것. 그게 진짜 보조바퀴의 역할이고, 부모가 해야 할 서포트다.

　그런데 요즘 부모들은 좀 다르다. 자전거를 고르는 것부터 페달 밟는 속도, 심지어 방향까지 전부 부모가 정한다. 아이는 안장에 앉아 있기만 하면 된다. 겉보기엔 완벽한 관리 같지만, 사실상 원격조종 자동차와 다를 바 없다. 진료실에서 만난 고등학생 얘기를 해보자. 그 고등학생은 자율학습도, 과외도, 전공도, 대학 지원도 모두 어머니가 결정했다. 아이는 시키는 대로 했다. 불만도 없었다. 그런데 대학에 합격

하고 한 학기쯤 지나자 우울증상이 심해졌다. 진료 중에 그가 울면서 한 말이 있다. "이건 제가 원하던 전공은 아닌 것 같아요. 그런데 사실 뭘 원했는지도 모르겠어요." 결국 학업을 중단했다. 문제는 단순했다. 그는 태어나서 단 한 번도 스스로 선택해본 적이 없었던 것이다.

선택하지 않으면 책임도 없다. 책임이 없으면 배움도 없다. 실패는 두려움을 주지만 동시에 회복탄력성을 길러준다. 그런데 실패할 기회를 빼앗기면, 아이는 작은 충격에도 쉽게 무너진다. 능력이 부족해서가 아니라 훈련이 없어서다. 심리학자 다이애나 바움린드(Diana Baumrind)는 부모의 양육 태도를 세 가지로 나눴다. 권위적인 부모, 허용적인 부모, 그리고 권위 있는 부모. 이 중에서 '권위 있는 부모'가 자녀에게 가장 긍정적인 영향을 준다고 연구했다. 즉, 규칙과 경계는 분명히 하되, 아이의 선택을 존중하는 부모. 반대로 모든 걸 대신 결정하는 권위적인 부모는 아이의 자율성을 망가뜨린다.

또 다른 연구에 따르면 부모가 자녀의 매사를 통제할수록 아이는 외부 기준에만 의존하게 된다. 그러면 자율성과 자기결정 능력이 떨어진다. 결국 "엄마가 하라니까 했어요."라는 말밖에 못 하게 된다. 이런 아이는 대인관계에서도 자기 목소리를 내지 못하고, 정서 조절도 어렵고, 삶의 만족도까지 낮아진다. 연구 결과를 몰라도 부모라면 직감적으로 안다. 아이를 대신해 모든 걸 해주는 건 결국 아이에게 '너는 못하니까 내가 다 해줄게.'라는 메시지를 주는 일이라는 걸. 부모는 돕는다고 하지만, 아이는 스스로를 무능하다고 받아들인다. 자기효능감은 바닥을 치고, 장기적으로 무기력과 의존성이 깊어진다.

부모들이 흔히 하는 말이 있다. "나는 우리 애가 힘들지 않게 해주고 싶어서 그래요." 마음은 이해된다. 하지만 힘들지 않은 인생은 없다. 오히려 어릴 때 작은 좌절을 겪지 않은 아이가 성인이 되어 진짜 문제 앞에서 훨씬 더 크게 무너진다. 부모의 선의가 아이에게 독이 되는 셈이다. 현실을 직시해야 한다. 부모가 아이의 인생을 대신 살아줄 수는 없다. 대신 대학 다닐 수 없고, 대신 직장 다닐 수도 없다. 사랑하고, 실패하고, 다시 일어서는 과정은 아이 몫이다. 부모가 해줄 수 있는 건, 그 과정을 위해 아이를 준비시키는 것뿐이다.

좋은 부모는 적절한 거리를 안다. 필요할 때는 다가가되, 먼저 끼어들지 않는다. 뒤에서 조용히 지켜보며 "그래, 넌 할 수 있어. 넘어지면 다시 일어나면 돼."라고 말해줄 수 있는 부모. 페달은 아이가 밟고, 핸들은 아이가 잡아야 한다는 사실을 아는 부모. 결국 부모가 줄 수 있는 최고의 선물은 자립심이다. 인생의 크고 작은 순간마다 스스로 선택하고, 그 선택에 책임지고, 실패도 경험하고, 다시 일어설 기회를 주는 것. 아이가 내 삶의 주인으로 서는 그 날까지, 부모는 그저 조용한 서포터로 남아야 한다.

아이의 자전거에서 보조바퀴를 떼는 건 언젠가는 반드시 해야 할 일이다. 그 순간을 미루면 미룰수록, 아이는 더 오래 안장에 갇히게 된다. 넘어져도 괜찮다. 중요한 건 부모가 언제까지 뒤를 잡아주느냐가 아니라, 아이가 결국 혼자 달릴 수 있느냐 하는 것이다. 그리고 그때 부모의 역할은 이미 충분히 끝난 것이다.

2

자식에게 몰빵하면 안 된다

　병원에 오는 부모 중에는 자식을 위해 자신을 완전히 포기한 사람들이 간혹 있다. 직장을 그만두고, 취미를 접고, 친구와의 모임도 줄이고, 오직 '아이 잘 키우는 것'에만 인생을 건다. 겉으로는 멋진 헌신처럼 보인다. '와, 저 부모 정말 대단하다.' 싶지만 대화가 길어질수록 묘한 불안이 스며든다. 그 불안의 정체는 단순하다. '이 아이가 잘못되면, 나는 무너진다.'라는 공포다.

　사랑이 깊을수록 불안도 깊다. 아이를 프로젝트처럼 키우는 부모일수록 결과에 집착한다. 좋은 성적, 좋은 대학, 좋은 직장. 리스트는 점점 길어지고, 현실과 어긋날수록 갈등은 깊어진다. 부모는 말한다. "다 너 잘 되라고 그러는 거야." 하지만 사실은 자기 삶을 몽땅 아이에게 몰빵했기 때문이다. 이건 연인 관계에서도 자주 보이는 패턴이다. 지나치게 매달리는 사람은 사랑을 지키기 어렵다. 상대방은 숨 막히고, 본인은 늘 불안하다. 사랑이라는 이름으로 통제하고 집착하지만, 결과는 정반대다. 관계는 망가지고 둘 다 지친다. 부모와 자식도 똑같다. 지나친 사랑은 결국 관계를 병들게 한다.

아이 입장에서는 이게 큰 짐이 된다. 부모의 인생을 대신 살아야 한다는 부담. 실패하면 안 된다는 압박. 이 짐은 무겁다. 그래서 아이는 자율성을 잃고, 선택을 두려워하고, 작은 실패에도 쉽게 무너진다. 심하면 우울증, 공황장애 같은 정신질환으로 이어지기도 한다. 실제로 「소아가족연구 저널(Journal of Child and Family Studies, 2012)」 연구에 따르면, 과잉보호적 양육을 받은 청소년은 스트레스에 대한 회복탄력성이 낮고 불안 수준이 높았다. 부모의 선의가 아이의 성장을 오히려 방해한 셈이다.

더 큰 문제는 이런 부모들이 자기 삶을 포기한다는 점이다. 오로지 자식의 성적, 진로, 미래에만 관심이 있다. 본인의 건강, 취미, 인간관계, 꿈은 다 뒤로 밀린다. 처음엔 희생처럼 보인다. 하지만 시간이 흘러 아이가 성장해 부모의 도움이 필요 없어지면 그제야 몰려오는 게 있다. 공허감과 우울이다. '나는 누구인가?'라는 질문 앞에서 흔들리는 부모. 자식을 키우는 동안 나를 키우지 못한 대가다. 이 구조는 부모도 힘들고, 아이도 힘들다. 결국 가족이라는 이름으로 서로를 옭아매는 감옥이 되어버린다. 부모는 억울하다. "나는 다 너 잘되라고 했는데!" 아이는 답한다. "이 건 내가 원하지 않았어." 결국 누구도 행복한 사람은 없다.

그래서 나는 이렇게 말하고 싶다. "약간은 대충 키우는 게 낫다." 여기서 말하는 '대충'은 무책임과는 다르다. 아이를 믿고, 자율성을 주고, 실패도 허용하는 태도다. 부모도 자신의 삶을 포기하지 않고, 자신만의 세계를 지켜가는 것. 아이와 나, 두 삶이 나란히 걷는 구조여야 한다. 부모가 아이를 위해 희생만 하다 보면 결국 아이도 불편하다. 아이는 사랑을 받는 게 아니라, 빚을 지는 느낌이 든다. 부모가 모든 걸 다 포기했다면 아이는 늘 불안하다. '내가 실패하면 부모까지 무너진다.' 이런 압박은 아이의 성장판을 닫아버린다. 실패할 기회가 없으니 회복탄력성도 자라지 않는다. 작은 스트레스에도 쉽게 부러지는 나무가 된다.

아이를 잘 키운다는 건 아이를 잘 놓아주는 것이다. 부모가 자식을 인생의 전부로 삼지 말고, 나라는 인간의 삶도 지켜야 한다. 아이도 인간이고 부모도 인간이다. 서로가 서로의 전부일 필요는 없다. 사랑은 붙잡는 것이 아니라, 서로를 자유롭게 놓아주는 것에서 시작된다. 한 연구에서는 부모의 과잉 개입이 오히려 자녀의 불안을 키운다고 했다. 부모가 자녀의 선택에 지나치게 개입하면 아이는 스스로 결정을 내릴 때 더 큰 불안을 경험한다고 한다. 결국 아이가 스스로 길을 찾는 훈련을 막는 셈이다. 아이의 독립심은 부모의 손을 놓을 때 생긴다.

결국 중요한 건 '적당한 거리'다. 좋은 부모는 기다릴 줄 아는 부모다. 아이가 필요할 때는 옆에 있지만, 먼저 나서지 않는다. 아이가 넘어지면 손을 내밀어주지만, 그전에는 그냥 지켜본다. 아이가 스스로 페달을 밟고 핸들을 잡아야 앞으로 나아간다. 부모는 보조바퀴일 뿐, 자전거를 대신 타줄 수는 없다. 부모가 자식을 위해 완전히 자신을 지우는 건 결코 좋은 방법이 아니다. 그건 결국 부모와 아이 모두를 불행하게 만든다. 아이에게 가장 좋은 선물은 부모의 희생이 아니라 부모의 삶이다. 부모가 자기 삶을 잘 살아내는 모습, 그것이 아이에게 가장 큰 본보기가 된다.

그러니 너무 애쓰지 말자. 아이를 위해 모든 걸 포기하지 말고, 조금은 대충, 적당히 놓고 보자. 실패도 허용하고, 아이가 자기 길을 걷게 두자. 그게 아이에게도, 부모에게도 훨씬 건강한 방식이다. 아이는 그렇게 자라며 자기 인생을 살고, 부모는 부모의 삶을 계속 살아간다. 서로가 서로의 짐이 아니라, 서로가 서로의 동반자가 되는 것. 그게 진짜 건강한 가족의 모습이다.

3

탕수육보다는 짜장면을 먹고 싶은 아이

아이를 키우다 보면 욕심이 앞서는 순간이 자주 생긴다. 짜장면이 먹고 싶다는 아이의 말에 부모는 짜장면만 시키지 않는다. 탕수육도 시키고, 군만두까지 곁들여서 상을 차려준다. '이 정도는 해줘야지.', '아이에게 아낌없이 주는 게 사랑이지.' 이런 마음이 자동으로 발동된다. 애정이 없는 건 아니다. 오히려 애정이 넘쳐서 생기는 현상이다. 문제는, 아이가 원한 건 단순히 짜장면 한 그릇이라는 사실이다.

실제로 내가 진료실에서 만난 한 초등학교 2학년 아이가 있었다. 이 아이는 음악을 좋아해서 단순히 피아노 학원을 다니고 싶다고 했다. 그런데 부모는 여기서 멈추지 않았다. "피아노만 해서는 안 돼. 바이올린도 배우고, 성악도 하고, 오케스트라도 경험해야지." 아이는 주 6일을 음악학원에 매달렸다. 처음엔 건반을 두드리는 게 즐거웠다. 그런데 시간이 지나면서 악보만 봐도 한숨이 나오고, 학원에 가는 발걸음이 점점 무거워졌다. 결국 아이는 이런 말을 했다. "그냥 피아노만 치고 싶었는데… 지금은 음악이 싫어졌어요."

부모 입장에서는 아이에게 더 좋은 걸 해주고 싶은 마음이었다. 하지만 아이가 원한 건 단순하고 명확했다. '내가 하고 싶은 것'을 존중받는 경험. 그런데 부모가 주는 건 '부모가 생각하는 더 나은 것'이었다. 의도는 선했지만, 결과는 아이를 지치게 했다. 사실 이건 부모와 자식 관계만의 문제가 아니다. 연인 사이에서도 비슷하다. 예를 들어, 상대는 기념일에 그냥 함께 산책하고 치킨을 먹으며 하루를 보내고 싶었는데, '특별한 날엔 특별한 이벤트가 필요하지!'라며 비싼 호텔 뷔페를 예약해버린다. 상대가 기뻐할 거라고 믿지만, 결과는 '내 마음을 몰라주네.'라는 실망이다. 좋은 의도가 언제나 좋은 결과로 이어지진 않는다. 오히려 엇박자가 난다.

부모와 자식도 똑같다. 감정의 언어가 다르면, 아무리 좋은 의도도 오히려 벽을 만든다. 시간이 흐르면 그 벽은 점점 두꺼워진다. 부모는 억울하다. "나는 네가 부족하지 않게 자라도록 최선을 다했다." 하지만 아이는 이렇게 말한다. "그건 내가 원한 게 아니었어." 결국 부모의 사랑은 헌신이 아니라 간섭으로 기억되고, 아이의 감사는 원망으로 바뀐다. 아이를 잘 키운다는 건 무조건 많은 걸 주는 게 아니다. 중요한 건 '아이의 언어'를 듣고 존중하는 것이다. 아이가 원하는 건 피아노 한 곡일 뿐인데, 부모가 교향곡 전체를 들이밀면 아이는 음악 자체가 싫어진다. 사랑이 과하면 짐이 된다.

물론 부모가 아이보다 더 멀리 내다보고, 더 현명한 선택을 해줄 수도 있다. 하지만 그것 역시 '조율'이어야 한다. 함께 고민하고, 아이의 속도를 존중하고, 실패해도 곁에서 지켜보는 태도. 아이가 자기 목소리를 내고 자기 욕구를 확인할 기회를 주는 것. 그것이 진짜 양육이다. 부모가 모든 걸 대신 정해주면 아이는 자율성을 잃는다. 스스로 원하는 걸 표현하지 못하고, 결국 '내 마음은 중요하지 않다.'는 메시지를 배우게 된다. 그러면 자존감이 낮아지고, 누군가에게 끌려가는 삶을 살기 쉽다. 아이가 원하는 건 '최선의 조건'이 아니라 '나를 존중받는 경험'이다.

그래서 나는 이렇게 말하고 싶다. 다 해주려 하지 말자. 아이가 짜장면을 원하면, 짜장면만 사주자. 아이가 피아노를 원하면, 피아노만 하게 두자. 탕수육은, 바이올린은, 군만두는… 꼭 필요할 때, 아이가 스스로 선택했을 때 사줘도 늦지 않다. 사랑은 많이 하는 게 아니라, 맞게 하는 것이다. 부모가 조금 덜 해주는 순간, 아이는 자기 목소리를 내는 법을 배우고, 자기 인생의 방향을 찾는다. 부모의 역할은 끝없이 퍼주는 것이 아니라, 아이가 자기 욕구를 발견하고 키워갈 수 있도록 옆에서 지켜봐주는 것이다.

결국 아이를 지치게 하지 않는 사랑은 '적당히 해주는 사랑'이다. 너무 많이 주면 아이는 오히려 자기 욕망을 잃고, 부모와의 관계는 무거워진다. 하지만 딱 필요한 만큼만 주면, 아이는 행복해지고 부모도 편해진다. 그게 진짜 건강한 관계다.

4

될 놈은 되고 안 될놈은 안된다

 운동은 타고나는 거라고 하면 다들 고개를 끄덕인다. 농구 선수 하려면 키가 커야 하고, 100m 달리기를 잘하려면 폭발적인 근육이 있어야 한다는 걸 누구나 안다. 키 160cm가 NBA에서 덩크슛을 하겠다고 나서는 건… 솔직히 힘들다. 그런데 공부 얘기만 나오면 갑자기 분위기가 바뀐다. '노력만 하면 누구나 1등 할 수 있다.' 이 말은 왜 당연한 진리처럼 받아들여질까? 공부도 타고나는 게 있다. 이건 정신의학의 오래된 결론이다. 미국에서 11,000명의 쌍둥이를 30년 넘게 추적한 연구가 있다. 결과는 간단하다. IQ가 높을수록 학업 성취도가 높았다. 똑같이 노력해도 누군가는 수월하게 성적을 끌어올리고, 누군가는 피땀 흘려도 중간을 넘기기 힘들다. 유전자라는 출발선 자체가 다르기 때문이다.

 물론 노력은 중요하다. 노력 없이 되는 건 없다. 하지만 출발선이 다르면 같은 거리를 뛰어도 어떤 아이는 숨이 턱까지 차고, 어떤 아이는 여유 있게 들어온다. 노력은 필요조건일 뿐이지 충분조건은 아니다. 문제는 부모다. 부모는 자식이 자신보다 더 나은 삶을 살길 바란다. 그래서 좋은 학원, 좋은 선생님, 좋은 환경을 만들어준다. 여기까지는 좋다. 그런데 재능이 맞지 않는데 억지로 1등을 요구하면 일이 꼬인다. 아이는 '배움'이 아니라 '전쟁'을 한다. 성적은 안 오르고, 자존감은 바닥을 친다.

정신과 진료실에서 만난 A군이 그랬다. 수학이 늘 바닥이었다. 밤 12시까지 학원에 있었고, 새벽까지 문제집을 풀었다. 그런데도 성적은 제자리였다. 부모는 다른 애들은 더 한다며 학원을 하나 더 추가했다. 결과는 불면, 두통, 복통. 결국 우울과 불안이 터졌다. 아이는 이렇게 말했다. "저 진짜 열심히 했어요. 그런데 왜 아무도 인정 안 해줘요?" 그는 게으른 게 아니었다. 단지, 수학이랑 궁합이 안 맞았을 뿐이다.

요즘은 '메타인지'라는 개념이 유행이다. 자기 자신을 객관적으로 보는 능력이다. 공부가 안 되면 왜 안 되는지 파악하고, 어떻게 보완할지 생각하는 것. 그런데 사실 이 메타인지는 아이뿐 아니라 부모에게도 필요하다. 자식이 뭘 잘하고, 뭘 못하는지 제대로 보는 눈. 그게 진짜 교육이다. 안 되는 걸 억지로 붙잡는 건 교육이 아니라 고문이다. 이 말을 들으면 어떤 부모는 불편해한다. "우리 애는 안 될 놈이라는 건가요?" 아니다. 세상은 원래 불편하다. 모든 아이가 아인슈타인, 조성진, 손흥민이 될 수는 없다. 안 되는 걸 억지로 밀어붙이면 아이도 다치고, 옆에 있는 가족도 힘들어진다. 오히려 안 되는 걸 인정하는 순간 새로운 길이 열린다. 맞는 재능을 찾을 수 있고, 더 행복한 길을 걸을 수 있다.

흔히 '될놈될'이라는 말을 한다. 맞다, 될 놈은 된다. 하지만 중요한 건 '안될놈'의 진짜 의미다. 재능이 없다는 게 아니다. 그냥 '이 분야는 네 길이 아니다.'라는 신호다. 그러니 그만하라는 거다. 방향을 바꾸라는 거다. 공부가 전부는 아니다. 공부 못한다고 실패한 것도 아니다. 오히려 빨리 인정하고 다른 길을 찾는 게 더 현명하다. 농구가 안 되면 수영이 있을 수 있고, 수학이 안 되면 미술이 있을 수 있다.

부모의 역할은 아이를 끌고 가는 게 아니다. 아이가 자기 속도를 찾도록 지켜보는 것이다. 아이가 넘어지면 손을 내밀어주고, 다시 일어서도록 도와주는 것. 세상에는 안 되는 게 많다. 그걸 인정하는 게 진짜 어른이다. 결국 교육이란 아이가 '나만의 속도'를 발견하는 과정이다. 부모가 객관적인 눈으로 바라볼 때, 아이도 편안하게 자기 길을 갈 수 있다. 공부가 안 되다면, 그건 그 길이 아닌 것일 뿐이다. 세상엔 다른 길이 많다. 부모가 할 일은 길을 정해주는 게 아니라, 아이가 길을 찾아갈 수 있도록 옆에서 가볍게 손전등만 비춰주는 것이다.

5

독립을 원치 않는 부모

진료실에 마흔둘 된 남성이 찾아왔다. 결혼 7년 차였지만 아내와 별거 중이라고 했다. 이유를 묻자 한참 망설이더니 이렇게 말했다. "부모님이 아내를 싫어하세요." 그의 이야기를 듣다 보니 문제의 뿌리는 부부 사이가 아니라, 그와 부모 사이에 있었다. 그는 매일 아침 출근 전과 퇴근 후에 부모에게 하루 일과를 보고했다. 점심에 누구를 만났는지, 얼마를 썼는지, 주말 계획은 뭔지까지 전부 부모 귀에 들어갔다. 부모는 그 정보를 바탕으로 '조언'이라는 이름으로 간섭을 했다.

아내 입장에서는 화가 날 수밖에 없다. 결혼은 부부가 같이 사는 건데, 정작 본인은 시부모님과 동거하는 기분이었다. 결국 갈등이 깊어지고, 부부는 별거에 들어갔다. 남편은 부모 집으로 돌아갔고, 진료실에서 이렇게 털어놨다. "부모님이 없으면 불안합니다." 하지만 사실은 반대였다. 부모가 그를 절대로 놓아주지 않았던 것이다. 이런 이야기는 진료실에서 낯설지 않다. 겉으로는 성인인데 실제로는 부모와 분리되지 못한 사람들이 많다. 경제적으로 의존하는 경우도 있고, 정서적으로 기대는 경우도 있다. 심지어 생활 전반을 부모와 공유하며 독립하지 못하는 경우도 있다. 물론 스스로 의존하려는 경우도 있지만, 부모가 무의식적으로 자녀의 독립을 방해하는 경우가 상당히 많다.

부모가 왜 그럴까? 이유는 간단하다. 자녀가 독립하면 자신이 버려질까 봐 두려운 것이다. 존재 이유를 잃을 것 같은 불안이 그 밑바탕에 있다. 그래서 자녀가 스스로 결정하고 행동하는 걸 지켜보지 못하고, 계속 관여하고 개입하며 통제하려 든다. "이게 다 너 잘 되라고 하는 거야."라는 말은 사실 불안의 다른 이름이다. 문제는 한국 사회 구조가 이런 현상을 더 키운다는 데 있다. 집값은 높고, 취업은 어렵고, 가족 중심 문화는 여전히 강하다. 그러다 보니 부모가 집을 사주거나 생활비를 대주면서 동시에 이렇게 말한다. "내가 다 해주는데, 내 말도 들어야지." 경제적 지원이 정서적 통제로 이어지는 순간, 부모와 자식은 서로의 족쇄가 된다.

심리학자 머레이 보웬의 가족 체계 이론에 따르면 건강한 가족은 서로 연결되어 있으면서도 독립적이다. 그런데 한국식 가족 드라마를 보면 이런 대사가 흔하다. "네가 잘 돼야 내가 행복하다." 겉으로는 감동적인 말 같지만, 실제로는 자녀의 인생을 부모의 감정에 종속시키는 선언이다. 자녀의 독립은 부모의 상실로 해석된다. 그 결과는 뻔하다. 성인 자녀는 대인관계, 특히 부부관계에서 갈등을 겪는다. 부모와 심리적으로 분리되지 못한 사람은 배우자와의 갈등 확률이 높다. 부부 관계가 삼각관계로 변하기 때문이다. 배우자와 함께 사는 게 아니라, 언제나 부모의 그림자가 거실 소파에 앉아 있는 셈이다. 결국 폭발한다. 이런 관계는 서서히 멀어지는 게 아니라, 어느 순간 갑자기 끊어진다. 부모 입장에서는 청천벽력 같지만, 자녀 입장에서는 오랫동안 쌓인 억압이 한꺼번에 터진 결과다. 평생 참았는데 이제는 못 참겠다고 선언하는 것이다.

품안의 자식이라는 말이 있다. 맞다. 하지만 그 품은 아기가 자라서 걸음을 뗄 때까지만 가능하다. 걷고 달리고 나가야 한다. 자녀가 떠나는 건 배신이 아니라 성장이다. 그걸 인정하지 않으면 부모와 자식 모두 불행해진다. 부모가 자녀를 독립시키는 건 사랑의 끝이 아니다. 오히려 사랑의 완성이다. 품 안에 붙잡아 두면 안전할 것 같지만, 사실은 날개를 꺾는 일이다. 결국 자녀는 숨이 막히고, 그 숨 막힘에서 벗어나기 위해 더 큰 상처를 남기고 떠난다. 그래서 부모가 미리부터 준비해야 한다. 자식이 떠난 뒤에도 좋은 관계를 이어가려면, 보호자와 피보호자의 관계가 아니라 성인 대 성인의 관계로 전환해야 한다. 존중과 거리를 유지하면서도 서로 지지할 수 있는 관계. 독립은 비정상이 아니라 정상이고, 방해가 예외라는 사실을 받아들여야 한다.

자녀가 부모에게서 심리적으로 독립할 때, 부모 역시 자기 인생을 다시 시작할 수 있다. "내 삶은 자식을 통해서만 의미가 있다."라는 생각을 내려놓아야 한다. 자녀는 부모의 인생을 대신 살아줄 수 없고, 부모도 자녀의 인생을 대신 살아줄 수 없다. 결국 각자의 삶을 살아야 하고, 서로가 독립된 존재라는 걸 인정할 때 비로소 관계가 오래 간다.

오래 가는 가족 관계의 비밀은 붙잡는 힘이 아니라, 놓아주는 용기다. 자녀가 떠날 때 품을 열어주는 부모만이 그 아이와 평생 친구 같은 관계를 맺을 수 있다. 독립을 막는 부모의 사랑은 집착으로 변하지만, 독립을 지켜봐주는 부모의 사랑은 평생 지속된다.

6

중요한 건 스스로 결정해야 한다

지인이 나를 찾아왔다. 자식이 수능에서 전국 상위 0.1% 성적을 받았는데 의대를 가지 않고 공대를 고집한다는 것이다. 부모 입장에서는 이해가 되지 않았다. 의사는 안정적이고 선호도 높은 직업인데, 왜 굳이 공대를 가려 하느냐는 것이다. 그들은 '자식 인생을 망치게 둘 수 없다.'며 내가 직접 설득해 달라고 부탁했다.

하지만 나는 단호하게 거절했다. 이유는 단순했다. 지금 내가 의사라는 직업에 크게 만족하지 못하는 것도 있었지만, 그보다 중요한 이유는 그 자식의 인생이기 때문이다. 현재는 의사가 안정적인 직업처럼 보이지만, 10년 뒤에도 그럴지는 아무도 모른다. 과거에는 은행원이 '철밥통'이라 불렸고, 그전에는 교사가 최고의 평생직장이었다. 하지만 지금은 어떤가? 세상은 너무 빠르게 변하고, 변하지 않을 직업은 없다.

그래서 중요한 결정일수록 본인이 직접 선택해야 한다. 부모가 해줄 수 있는 최선은 하나의 의견을 제시하는 것, 거기까지다. 진학, 진로, 결혼, 인생의 전환점은 본인이 결정해야 한다. 부모의 뜻이 아무리 선해도, 그 결정이 자식의 삶을 대신 살아줄 수는 없다. 특히 결과가 좋지 않았을 때, 그 책임은 부모가 대신 질 수 없다.

부모는 흔히 이렇게 말한다. '내가 너보다 오래 살아봤으니까 내가 더 잘 안다.' 물론 경험은 중요하다. 하지만 그 경험은 과거의 것이다. 지금 50대가 겪은 입시와 지금 10대가 마주하는 입시는 완전히 다르다. 30년 전과 지금의 직업 시장은 구조 자체가 달라졌다. 경험이 때로는 지혜가 될 수 있지만, 고집으로 변하면 자식의 미래를 막는다. 부모의 뜻대로 자식을 이끌어 가려는 행동은 조언이 아니라 강요가 된다. 방향을 제시하는 것이 아니라 선택권을 빼앗는 것이다. 결과가 좋으면 다행이지만, 조금만 어긋나도 아이는 부모를 원망하게 된다. "엄마, 아빠가 하라며 했잖아. 나는 원하지 않았어." 이런 원망은 부모에게도 견디기 어렵다. 부모가 원하는 대로 살아도 불행할 수 있고, 자식이 원하는 대로 살아도 성공할 수 있다. 중요한 건 부모가 아니라 자식의 기준이다.

작은 선택은 부모가 결정해도 된다. 오늘 저녁 메뉴 같은 것. 하지만 인생을 바꾸는 결정은 달라야 한다. 진로 한 번이 10년, 20년의 삶을 바꾼다. 그만큼 중요한 선택은 자식이 직접 해야 한다. 선택에는 책임이 따른다. 스스로 선택한 사람은 실패해도 다시 일어날 가능성이 높다. 반면 남이 시켜서 한 일은 실패했을 때 남을 탓하게 되고, 다시 시도할 힘도 잃는다.

정신의학적으로도 선택권은 자기효능감과 깊은 관련이 있다. 자기효능감이란 자신이 삶을 통제할 수 있다고 믿는 정도를 말한다. 연구에 따르면, 자율성이 보장된 사람은 스트레스 상황에서도 더 잘 회복하고 삶의 만족도가 높다. 반대로 부모가 모든 것을 대신 결정해주는 환경에서 자란 아이는 무기력과 우울에 빠지기 쉽다. 부모의 과도한 개입은 자식의 자율성과 주체성을 빼앗고, 성인이 되었을 때 적응 능력을 떨어뜨린다.

진료실에서도 이런 사례를 많이 본다. 성인이 되어서도 부모가 정해준 길을 그대로 따라 살아온 사람들이 어느 순간 방향을 잃었다고 호소한다. 학창 시절에는 시키는 대로 살았지만, 직장 생활, 결혼, 육아처럼 더 복잡하고 중요한 선택 앞에서는 아무것도 스스로 결정하지 못한다. 작은 일에도 누군가의 승인을 필요로 하고, 늘 누군가가 대신 결정해주길 바란다. 그러다 불안장애나 우울장애로 이어지는 경우가 많다. 자율성의 결핍은 단순히 성격 문제가 아니라 정신과적 증상으로 발전할 수 있는 심각한 문제다.

부모가 아이에게 해줄 수 있는 최고의 선물은 바로 결정권이다. 아이가 스스로 선택하고, 그 선택의 결과를 배우도록 하는 것. 설령 그 길에서 실수하고 넘어지더라도, 본인의 선택이라면 그 과정에서 성장할 수 있다. 반대로 부모가 대신 정해준 길은 실패했을 때 남탓으로 끝나고 만다. 진짜 성장은 자기 결정에서 시작된다. 지금 공대를 가든, 의대를 가든 중요한 건 그 선택이 아이 자신의 의지였느냐이다. 부모가 할 일은 아이의 판단을 존중하고, 그 결과를 함께 감당해주는 것이다. 그것이 진짜 부모의 역할이다. 부모가 원하는 건 '안전한 길'이고, 아이가 원하는 건 '내가 선택한 길'이다. 두 길은 비슷해 보이지만 전혀 다르다. 부모가 아무리 경험이 많아도 그건 과거의 경험일 뿐이다. 자식이 걸어갈 길은 미래다. 과거가 미래를 통제하려 하면, 결국 둘 다 불행해진다.

아이에게 자기 인생의 운전대를 맡기자. 부모는 옆에서 안전벨트만 확인해주면 된다. 실수를 두려워하지 말자. 본인이 선택한 실수야말로 가장 큰 성장의 기회가 된다. 결국 아이가 스스로 선택할 때 비로소 진짜 삶이 시작된다.

7

부모가 행복해야 자식도 행복하다

　부모들은 자주 이렇게 말한다. "나는 자식만 행복하면 돼." 말은 참 멋있다. 드라마 마지막 회에서 주인공이 눈물 글썽이며 할 법한 대사다. 그런데 현실은 그렇지 않다. 부모가 불행한데 자식만 행복하기란 거의 불가능하다.

　집안의 공기는 눈에 보이지 않지만, 그 공기를 가족 모두가 들이마시며 살아간다. 부모가 늘 짜증 내고 한숨 쉬면 그 집 공기는 탁해진다. 아이도 그 공기를 그대로 마시게 된다. 반대로 부모가 편안하고 웃음이 많으면, 그 웃음은 자연스럽게 아이에게 번진다. 결국 부모가 행복해야 자식도 행복하다. 정신의학 연구에서도 이 사실은 여러 번 확인됐다. 한 연구에서는 부모가 우울증을 앓으면 아이가 우울증이나 불안장애에 걸릴 확률이 2~3배 높다고 한다. 이유는 간단하다. 아이는 부모의 말투, 표정, 행동을 통해 세상을 배운다. 부모의 눈에 세상이 힘들고 어둡게 보이면, 아이의 눈에도 세상은 그렇게 보인다. 마치 부모의 안경을 그대로 쓰고 세상을 바라보는 셈이다.

진료실에서도 비슷한 사례를 자주 본다. 중학생 딸이 불안해서 찾아왔는데, 학교가 문제가 아니었다. 엄마는 늘 피곤하다고 한숨 쉬었고, 아빠는 퇴근 후 술을 마시며 화를 냈다. 집안은 편히 숨 쉴 곳이 아니라 지뢰밭 같았다. 아이는 늘 긴장했고, 방에서 혼자 있어도 마음이 편하지 않았다. 아무리 좋은 성적, 멋진 친구, 넓은 집이 있어도 집안 공기가 탁하면 행복할 수 없다. 가정의 분위기는 집 안의 공기와 같다. 보이지 않지만 매 순간, 가족의 마음속으로 스며든다.

많은 부모가 "내가 힘들어도 아이만 잘되면 돼."라고 말한다. 그런데 그건 착각이다. 부모가 자기 삶을 완전히 포기하면 결국 부작용이 찾아온다. 몸과 마음이 지쳐 예민해지고, 작은 일에도 쉽게 화가 난다. 그 예민함은 아이에게 그대로 전해진다. 어떤 아이들은 이렇게 생각한다. '내가 부모님의 인생을 망쳤나 봐.' 이 죄책감은 커서도 사라지지 않고, 인간관계마다 따라다닌다. 부모가 의도하지 않았더라도, 아이의 마음에는 깊은 상처로 남는다.

행복한 부모는 아이에게 안전한 마음의 기지를 만들어준다. 애착이론에서도 부모의 안정감이 아이의 성격과 자신감에 큰 영향을 미친다고 말한다. 부모가 안정적이면 아이는 세상에 도전하고, 실패해도 다시 시도할 수 있다. 반대로 부모가 늘 불안하고 걱정이 많으면, 아이는 세상을 위험한 곳으로 느끼고 움츠러든다. '세상은 위험하고, 나는 약하다.' 이런 메시지를 집에서 매일 듣고 자라는 셈이다.

돈 문제도 마찬가지다. 돈이 많다고 부모가 행복해지는 건 아니다. 오히려 돈을 벌겠다고 가족과 보내는 시간을 줄이는 경우가 많다. 그 결과 아이는 물질적으로는 풍족하지만 정서적으로는 텅 비어 버린다. 정신의학 연구에 의하면, 돈보다 부모의 따뜻한 관심과 지지가 아이의 행복에 훨씬 큰 영향을 준다고 한다. 비싼 장난감보다 부모의 따뜻한 눈빛에서 아이는 진짜 안정감을 느낀다. 부모가 행복하려면 자기만의 삶이 필요하다. 취미, 친구, 일, 그리고 자신만의 목표가 있어야 한다. 오로지 자식만 바라보는 삶은 위험하다. 아이들은 언젠가 반드시 독립한다. 그 순간 부모의 삶은 텅 빈 공간처럼 허전해진다. 그래서 자기 자신을 잃지 않는 부모가 건강하다. 자기 삶을 충실히 사는 부모는 아이에게 단순히 지원만 해주는 존재가 아니라, '삶을 살아가는 좋은 모델'이 된다.

건강도 중요하다. 부모가 몸과 마음이 건강해야 아이도 안정된다. 부모가 아프면 아이는 부모를 걱정하느라 자기 삶에 집중하지 못한다. 이런 상황이 오래 지속되면 아이의 성장과 독립이 늦어진다. 부모가 자신의 건강을 챙기는 건, 결국 아이를 위한 일이기도 하다. 결국 부모가 행복해야 자식도 행복하다. 이 말은 부모가 이기적으로 살라는 뜻이 아니다. 오히려 부모가 스스로 행복해야, 그 행복이 자식에게도 전염된다는 뜻이다. 부모가 웃으면 집안의 공기가 달라진다. 그 맑은 공기 속에서 아이는 숨 쉬고 자란다.

아이만 보지 말고, 거울 속의 나를 보자. 내 표정이 굳어 있다면, 아이도 그 표정을 배우고 있을지 모른다. 내가 행복해야 아이도 행복하다. 부모의 행복은 가족 전체를 위한 최고의 투자다. 부모의 웃음은 아이의 웃음으로 이어지고, 그 웃음이 다시 부모에게 돌아온다. 결국 부모가 행복해야 가족 모두가 행복해진다.

8

효자는 타고난다

✧

진료실에서 오래 사람들을 만나고 있으면 이상한 장면을 자주 본다. 부모가 자식에게 거의 아무것도 해준 게 없는데도, 그 자식은 부모의 사랑을 굳게 믿고 감사하며 효도까지 한다. 반대로 부모가 몸이 부서져라 희생하고, 좋은 교육과 환경을 다 해줬는데도 원망만 가득한 자식도 있다.

'부모가 자식을 사랑하면, 자식도 그 사랑을 알아줄 거야.' 현실은 그렇지 않다.

이 차이는 도대체 어디서 오는 걸까? 단순히 교육이나 환경의 문제가 아니다. 정신의학에서는 성격과 기질의 상당 부분이 선천적으로 결정된다고 본다. 쉽게 말해, 효자와 불효자는 어느 정도 타고난다는 얘기다. 캐나다 맥길대 연구팀이 「행동 유전학 저널(Journal of Behavior Genetics, 2000)」에 발표한 논문에서는, '감사 성향

(gratitude tendency)'은 유전적으로 40~50% 정도가 결정된다는 것을 밝혔다. 절반 가까이가 태어날 때 이미 정해져 있다는 것이다. 부모가 아무리 잘해줘도 자식이 감사할 준비가 안 된 뇌를 타고났다면, 그 사랑이 당연한 것으로 취급될 가능성이 높다.

사람마다 작은 호의에도 크게 감동하는 사람이 있는가 하면, 아무리 큰 희생을 받아도 그 정도는 당연하다고 생각하는 사람도 있다. 심리학에서는 이를 기대기준점(expectation set-point)이라고 부른다. 행복 연구에서도 쓰이는 개념인데, 기대기준점이 낮은 사람은 작은 친절에도 감동한다. 반면 기대기준점이 높은 사람은 아무리 해줘도 '그 정도는 기본'이라고 여긴다. 부모의 헌신이 자녀의 기대치를 넘어서면 감사가 생기지만, 그 이하라고 느껴지면 곧바로 불만으로 변한다. 문제는 이 기준선이 유전과 성격에 의해 절반 이상은 이미 결정돼 있다는 사실이다.

실제 진료 사례를 보자. 한 환자는 어린 시절 부모가 경제적으로 힘들어서 대학 등록금도 대주지 못했지만, 늘 자신을 위해 헌신했다고 생각했다. 그는 이렇게 말했다. "부모님이 저를 위해 얼마나 애쓰셨는지 아니까 감사해요." 반대로 또 다른 환자는 유복한 집에서 자랐고, 유학까지 다녀왔다. 하지만 그는 부모를 원망했다. 어떤 사람은 같은 상황에서 감사를 느끼지만, 어떤 사람은 억울함을 느낀다. 사건 자체보다 해석하는 뇌가 다른 것이다.

정신의학 연구에 따르면, 이런 차이는 뇌의 보상회로와 감정 처리 방식 때문이다. 특히 전전두엽(prefrontal cortex)과 편도체(amygdala)의 반응 패턴이 다르면 같은 사건도 다르게 받아들인다. 「생물 정신의학(Biological Psychiatry, 2015)」에 실린 연구에서는 긍정적인 사건에 대한 뇌 반응이 낮은 사람일수록 감사 성향이 떨어진다고 보고했다. 쉽게 말해, 뇌가 기쁨을 잘 못 느끼면 부모의 희생도 그저 '별일 아닌 것'으로 느껴질 수 있다.

이렇게 보면, 부모가 아무리 잘해줘도 자식이 반드시 고마워할 거라는 보장은 없다. '내가 이렇게 키웠으니, 나중에 반드시 효도할 거야.' 이런 기대는 위험하다. 기대가 어긋나면 상처와 분노가 부모 마음을 갉아먹는다. 그 결과, 부모와 자식 모두가 불행해진다. 이건 부모에게 좌절하라는 말이 아니다. 오히려 마음의 준비를 하자는 얘기다. 기대치를 낮추면 관계가 훨씬 편해진다. 효도는 자식의 '선택'이지 부모가 강제할 수 있는 게 아니다. 부모는 자신이 옳다고 믿는 방식으로 사랑하면 된다. 그 사랑이 돌아오면 감사하고, 돌아오지 않아도 후회하지 않으면 된다.

실제로 노년 정신의학 연구에서도 비슷한 결과가 나온다. 「미국

노인 정신의학 저널(American Journal of Geriatric Psychiatry, 2018)」논문에 따르면, 자녀에게 정서적·물질적 보답을 많이 기대할수록 부모의 삶의 만족도는 낮아졌다. 이유는 단순하다. 기대가 현실과 어긋나면 실망이 되고, 그 실망이 반복되면 관계는 금이 간다. 부모가 행복하려면 자녀의 효도를 '덤'이라고 생각하는 게 가장 좋다. 타고난 효자라면 부모가 시키지 않아도 알아서 잘한다. 반대로 타고난 불효자는 아무리 잘해줘도 바뀌지 않는다. 그걸 인정하면 마음이 편하다. 사람은 원래 불완전하다. 그 불완전함 속에서 관계를 맺는 것이 가족이다.

부모가 해야 할 일은 단순하다. 자식에게 사랑과 기회를 주는 것. 그걸 어떻게 받아들이고 어떻게 되돌려줄지는 자식의 몫이다. 그 결과에 따라 부모의 행복이 흔들리지 않으려면, 애초에 '반드시'라는 조건을 버려야 한다. '내 자식이 반드시 효도할 것이다.' 이 말은 기대를 넘어 집착이 된다. 대신 이렇게 생각해보자. '효도는 그냥 덤이다. 나는 그저 사랑할 뿐이다.'

제 7 부

대충 공부해서
성공하는 법

Good Enough Wins

100점을 목표로 하면
50점 맞는다

대충 먼저 보고 가자

1. 머리도 좋고 성실해도 완벽주의에 갇히면 진도가 멈춰 성적이 안 오른다. 적당히 넘어가며 전체를 반복해야 한다.

2. 처음엔 '대충 훑기'로 큰 그림을 잡고, 빠른 반복을 3~4회 돌리며 점점 이해를 채우는 방식이 가장 효율적이다.

3. 시험은 전 범위가 아니라 핵심 싸움이므로, 중요하지 않은 범위는 과감히 버리고 자주 나오는 부분만 반복하라. '최소 노력으로 최대 점수' 전략이 필요하다.

4. 세부에 매몰되지 말고 전체 흐름과 본질 먼저 본 뒤 필요할 때만 디테일을 채워라. 정보 과잉 시대엔 본질을 고르는 눈이 성과를 가른다.

5. 기출은 출제자의 취향과 안전 구역이 반복된 기록이자 '맞히는 문제'를 놓치지 않게 해주는 생존 도구다.

6. 우울장애, 공황장애, ADHD, 강박장애 등은 의지 문제가 아니라 치료가 필요한 뇌의 문제이다. 방치하면 공부 효율이 떨어지니 빨리 치료하자.

1

열심히만 해선 안 된다

열심히 공부하는데도 성적이 안 오르는 학생들이 있다. 그중에는 머리가 나쁘지도 않고, 게으르지도 않은 경우가 많다. 보통 사람들은 이렇게 말한다. "저 친구는 그냥 노력이 부족한 거야." 하지만 진료실에서 여러 사람을 만나다 보면 그게 전부가 아님을 알게 된다.

예전에 내가 진료했던 20대 남자 환자가 있다. 그는 웩슬러 지능검사[13]에서 138을 기록했다. 웩슬러 검사는 멘사 테스트처럼 점수가 후하지 않다. 서울대생 평균 아이큐가 118정도라는 연구 결과를 생각하면, 그의 지능은 말 그대로 '천재' 범주였다. 이쯤 되면 누구나 이렇게 생각할 것이다. '이 친구는 무조건 SKY 같은 명문대 다니겠네. 공부 엄청 잘했겠지?' 하지만 놀랍게도 그의 대학은 우리가 흔히 떠올리는

---

13 데이비드 웩슬러가 개발한 대표적인 지능 평가 도구로, 언어적·비언어적 인지 능력을 종합적으로 측정하여 개인의 지능 수준을 객관적으로 파악하는 검사

명문대가 아니었다. 그렇다고 공부를 대충 한 것도 아니었다. 고등학교 시절 누구보다 열심히 공부했다. 집중력이나 충동 조절 문제도 전혀 없었고, ADHD 검사도 정상 범위였다. 머리도 좋고, 노력도 했는데 성적은 기대만큼 나오지 않았다. 도대체 뭐가 문제였을까? 답은 강박장애였다.

그는 중학교 때까지만 해도 전교 1등을 도맡아 하던 모범생이었다. 그런데 고등학교 1학년 2학기 무렵부터 강박 증상이 나타났다. 완벽주의적인 사고가 공부를 방해하기 시작한 것이다. 수학을 공부할 때도 첫 단원은 철저히 반복했지만, 두 번째 단원은 시작조차 못했다. 첫 단원에서 모르는 문제가 하나라도 발견되면, 다시 처음부터 풀어야 했다. 마치 게임하다가 첫 스테이지에서 조금 실수했다고 '리셋 버튼'을 누르는 것처럼. 영어 공부도 마찬가지였다. 모르는 단어가 하나라도 나오면 다음 문장으로 넘어가지 못했다. 머릿속에서는 이런 생각이 떠나지 않았다. '이 단어 뜻 모르고 다음 문장으로 넘어가면 큰일 나.' 본인도 그게 비효율적이라는 걸 알았다. 하지만 불안이 너무 커서 멈출 수 없었다.

비슷한 사례는 또 있다. 한 여학생은 문제집을 풀면서 하나라도 틀리면 단원을 처음부터 다시 풀었다. 99점을 받아도 그 1점이 불안해서 전체를 반복했다. 결국 진도는 늘 느렸고, 시험이 다가올수록 불안에 시달렸다. 공부 시간은 길었지만, 실질적인 성과는 미미했다. 이 학생들의 공통점은 머리도 좋고, 노력도 했다는 것이다. 그런데도 성적이 오르지 않았다. 이유는 완벽주의였다. 완벽하게 이해하려는 집착이 진짜 실력을 막았다. 아무리 열심히 해도 공부가 앞으로 나아가지 못하니 성적은 그대로였다. 강박장애가 만든 완벽주의는 공부를 '마라톤'이 아니라 '제자리걸음'으로 바꿔놓는다.

만약 이 학생들이 강박을 조기에 치료하고, 적당히 대충 넘어가는 연습을 했다면 결과는 완전히 달라졌을 것이다. 많은 사람들이 공부에서 중요한 건 머리와 성실성이라고 생각한다. 물론 그것도 중요하다. 하지만 진짜 성패를 가르는 건 '공부를 어떻게 하느냐?' 이다. 머리 좋고 성실해도, 방법이 잘못되면 결과는 따라오지 않는다.

공부는 절대 완벽하게 할 수 없다. 완벽한 이해는 환상이다. 우리는 대충 알고 넘어가면서 전체를 익히는 능력을 키워야 한다. 핵심은 진도를 나가고, 큰 흐름을 잡는 것이다. 수학 공식 하나를 100% 이해하려고 며칠을 붙잡는 것보다, 70% 이해하고 넘어가서 여러 단원을 반복하는 편이 훨씬 낫다.

공부는 완성이 아니라 반복으로 완성된다. 처음부터 끝까지 완벽하게 이해하며 나아가는 공부는 불가능하다. 적당히 넘어가고, 나중에 다시 보면서 이해를 점점 깊게 하는 것이 효율적이다. 이건 운동과도 비슷하다. 헬스장에서 완벽한 자세로 한 번만 운동한다고 근육이 생기지 않는다. 엉성해도 꾸준히 반복해야 근육이 붙는다. 공부도 그렇다. 완벽주의자는 한 번에 완벽한 자세로만 운동하려 결국 아무것도 하지 못하는 꼴이 된다.

완벽을 추구하면 공부뿐 아니라 삶 전체가 무거워진다. 성적이 오르기는커녕 불안만 커지고, 자존감은 떨어진다. 그러다 자신을 탓하며 더 큰 강박에 빠진다. 공부 잘하는 사람은 완벽하지 않다. 대신 꾸준히 나아간다. 90% 이해하고 넘어가는 것이 아니라, 50% 이해해도 진도를 나간다. 그리고 필요할 때 반복해서 익힌다. 그게 진짜 공부다. 시험은 완벽을 평가하는 자리가 아니다. 누가 더 효율적으로, 누가 더 멀리 나아갔는지를 보는 자리다. 완벽하려 하지 말고 꾸준히 앞으로 가라. 공부도, 인생도 마찬가지다.

결국 공부는 지능이나 성실성만으로 결정되지 않는다. 완벽을 버리고 적당히, 꾸준히. 이 단순한 비밀이 성적을 바꾸고, 삶을 가볍게 만든다. 완벽은 꿈꾸는 것이 아니라 내려놓는 것이다. 공부도, 삶도 대충 넘어가도 괜찮다. 그게 진짜 실력을 만드는 시작이다.

2

의대생의 특별한 학습법

　의대는 정말 공부하기 어려운 곳이다. 단순히 내용이 어렵기 때문만은 아니다. 양이 엄청나게 많다. 매주 시험이 있고, 여러 과목의 수업 진도를 빠르게 진행되다 보니 따라가는 것 자체가 벅차다. 공부를 아무리 열심히 해도 시간이 늘 부족하다. 내가 의대를 다닐 때 선배로부터 배운 특별한 공부법이 있다. 나는 이 방법을 '대충 공부법'이라고 부른다. 처음 들었을 때는 무슨 말인가 싶었다. 공부를 대충 하라는 이야기인가?

　첫 번째 과정이 가장 중요하다. 공부해야 할 내용을 무조건 빠르게, '대충' 한 번 본다. 이 과정에서 이해하거나 암기하려는 생각은 버려야 한다. 그냥 책에 무슨 내용이 있는지 눈에 발라두듯 본다. 실제로 우리는 이것을 '눈에 발라둔다.'라고 표현했다. 전공 서적을 마치 소설 읽듯이 봐야 한다. 소설을 읽을 때 우리는 일일이 모든 내용을 기억하거나 완벽히 이해하려 하지 않는다. 대략 어떤 이야기가 있는지 큰 그림만 잡고 넘어간다.

두 번째 과정에서는 조금 더 천천히 책을 읽는다. 첫 번째 과정에서 이미 한 번 봤기 때문에 내용이 어느 정도 친숙해져 있다. 하지만 여전히 세부 내용을 완벽히 이해하려고 애쓰면 안 된다. 이해가 잘 안 되거나 암기가 어려운 부분은 과감히 건너뛰어야 한다. 중요한 건 빠르게 반복해서 큰 그림을 잡는 것이다.

세 번째 과정 역시 두 번째 과정과 비슷하다. 그러나 이때쯤이면 전에는 이해하지 못했던 내용들이 조금씩 눈에 들어오기 시작한다. 반복해서 보니 자연스럽게 이해가 되는 부분이 생긴다. 억지로 이해하려 하지 않아도, 반복이 주는 힘이 서서히 발휘된다.

네 번째 과정은 이제 정리를 하는 단계다. 이때는 너무 쉽거나 이미 익숙해진 부분은 빠르게 넘긴다. 너무 어렵거나 시험에 잘 나오지 않을 것 같은 부분도 과감히 생략한다. 중요한 부분, 시험에 자주 나오는 부분만 집중적으로 확인하며 공부의 효율을 극대화한다.

이렇게 네 번을 보면 일단 이 과목은 어느 정도 익숙해진다. 이후에는 다른 과목을 같은 방식으로 공부하는 게 좋다. 다른 과목들도 네 번씩 공부한 후, 시간이 남으면 다섯 번째, 여섯 번째 반복을 시도하는 것이다. 선배는 공부에 대해 이런 말을 남겼다. '책을 아무리 열심히 봐도 한 번 보는 건 안 본 것과 같다. 두 번만 보는 건 시간이 아깝다. 최소 세 번 이상은 봐야 한다.' 실제로 많은 학생들이 공부를 오래 하면서도 성적이 좋지 않은 이유는 첫 번째 과정에서 너무 많은 시간을 쏟기 때문이다. 완벽하게 이해하고 기억하려고 하다 보니 진도도 느리고 공부량도 한정적이다. 결국 시험을 볼 때는 초반 내용밖에 기억나지 않는다.

이 공부법의 핵심은 빠른 반복이다. 공부는 이해와 암기도 중요하지만, 반복의 효과가 절대적이다. 여러 번 보는 과정에서 자연스럽게 이해와 암기가 이루어진다. 만약 내가 이 방법을 쓰지 않았다면 의사가 되지 못했을지도 모른다. 대부분의 의대생들은 처음에는 완벽주의적인 공부 습관 때문에 많은 고생을 한다. 한 과목을 완벽히 이해하고 넘어가려고 애쓰다 보면 진도는 밀리고, 성적은 바닥을 친다. 그러던 중 선배의 이 '대충 공부법'을 알게 되었고, 반신반의하며 따라 해봤다. 그런데 이 방법을 쓰고 난 후부터는 공부의 속도와 효율이 놀라울 정도로 좋아졌다.

이 방법은 의대뿐만 아니라 수능, 내신, 공무원시험, 교원 임용시험 등 어떤 시험에도 적용할 수 있다. 공부 양이 많은 시험일수록 더욱 효과적이다. 시간이 부족한 상황에서 효율적으로 내용을 익히기 때문이다. 우리는 흔히 노력만 열심히 하면 성공한다고 생각하지만, 실제로 성공하는 사람은 노력의 양이 아니라 효율이 높은 사람이다. 효율적으로 공부한다는 것은 많은 양의 내용을 짧은 시간에 반복해서 보는 것이다. 공부를 잘하고 싶다면 '대충 공부법'을 꼭 기억하자. 처음엔 조금 불안할 수 있다. 하지만 반복을 거듭할수록 놀랍도록 내용을 잘 기억하게 되고, 자연스럽게 이해도가 높아진다. 결국 시험에서 원하는 결과를 얻을 수 있다.

지금 당장 실천해보자. 처음부터 완벽하게 하려는 욕심을 버리고, 대충이라도 빠르게 반복해보자. 어느 순간 내용이 내 것이 되어 있음을 느끼게 될 것이다. 이 공부법이 바로 의대생들이 방대한 공부량 속에서도 살아남는 비결이다. 그리고 나를 포함한 많은 의사들이 실제로 이 방법 덕분에 의사가 될 수 있었다. 이제부터 당신도 이 효율적인 '대충 공부법'을 통해 원하는 목표를 달성할 수 있기를 바란다.

3

잘 제끼는 놈이 성적이 좋다

공부를 잘한다는 말과 성적이 좋다는 말은 같아 보이지만 사실은 조금 다르다. 공부는 지식을 이해하고 쌓아가는 과정이다. 반면 성적은 시험이라는 아주 짧은 순간에 그 지식을 점수로 보여주는 것이다. 쉽게 말해, 공부는 과정이고 성적은 결과다. 그런데 현실에서 사람들은 과정보다 결과에 훨씬 더 관심을 가진다. 시험 성적이 모든 걸 결정하기 때문이다. 아무리 열심히 공부해도 성적이 나쁘면 '공부 못 한다.'는 낙인이 찍힌다. 그래서 사람들은 어떻게 공부해야 할까보다 어떻게 점수를 올릴까에 더 목을 맨다.

이 글에서 말하고 싶은 핵심은 바로 '잘 제끼기'다. 이름만 들으면 공부를 대충 하거나 게으르게 하라는 뜻 같지만, 그게 아니다. 잘 제끼기란 철저한 선택과 집중이다. 시험 범위는 끝도 없이 넓은데, 시간은 항상 부족하다. 모든 걸 완벽히 공부하는 건 현실적으로 불가능하다.

결국 시험의 성패는 무엇을 버리고 무엇에 집중할 것인가로 갈린다.

많은 사람들이 오해한다. 성적이 좋은 학생들은 모든 내용을 완벽히 알고 있을 거라고. 하지만 실제로 성적이 좋은 학생들은 오히려 '무엇을 공부하지 않을지'에 대한 판단력이 뛰어나다. 그들은 중요한 핵심을 정확히 잡고, 나머지는 미련 없이 버린다. 공부란 모든 걸 다 아는 싸움이 아니라, 시험에 나올 것만 아는 싸움이다. 문제는 마음이 그렇지 않다는 데 있다. 인간은 불안을 잘 버리지 못한다. 누구나 시험장에서 '내가 안 본 부분에서 문제가 나오면 어떡하지?' 하는 두려움을 느낀다. 이 불안이 강할수록 모든 내용을 다 보려고 욕심을 부린다. 그런데 그 욕심이 오히려 시험을 망친다.

내가 아는 한 학생이 그랬다. 그는 시험 범위를 처음부터 끝까지 완벽히 공부하려고 했다. 작은 문장 하나, 그림 하나까지 다 외우려고 했다. 결과적으로 시험 전날까지 진도가 끝나지 않았고, 시험장에서는 앞부분 몇 개만 기억해냈다. 중요한 문제는 놓치고, 엉뚱한 문제 몇 개만 맞혔다. 그는 시험 후 이렇게 말했다. "저 진짜 열심히 했는데, 왜 성적이 이래요?" 하지만 열심히 한 것과 성적이 높다는 것은 전혀 다른 문제였다.

반면 성적이 높은 학생들은 시험에서 중요한 부분만 집중해서 반복한다. 그리고 자신이 제낀 부분에서 문제가 나오더라도 후회하지 않는다. 그들은 시험에서 100점을 목표로 하지 않는다. 대신 최소한의 노력으로 최대한의 점수를 얻는 데 초점을 맞춘다. 이것이 바로 진짜 전략이다. 잘 제끼려면 무엇보다 용기가 필요하다. 처음에는 불안하다. '혹시 내가 버린 부분이 시험에 나오면 어쩌지?'라는 생각이 머리를 괴롭힌다. 하지만 몇 번 경험하다 보면 알게 된다. 시험 문제의 대부분은 핵심적인 부분에서 나온다는 사실을. 시험은 겁이 없는 자에게 점수를 준다.

여기서 중요한 건 현실적인 목표 설정이다. 예를 들어 90점을 목표로 한다면, 시험 범위의 70~80%만 확실히 잡고 나머지는 과감히 버린다. 시험은 크게 두 가지 문제로 구성된다. 대부분이 맞히는 쉬운 문제와, 거의 아무도 못 맞히는 어려운 문제. 상위권 학생은 쉬운 문제를 모두 맞히고, 중간 난이도의 절반만 잡아도 이미 좋은 성적을 얻는다. 욕심을 부려 어려운 문제까지 다 잡으려 하면 오히려 쉬운 문제까지 틀리게 된다. 완벽주의는 공부에서 가장 무서운 적이다. 완벽하게 공부하려는 마음은 시간과 에너지를 잡아먹는다. 시험 범위가 넓을수록 이 욕심은 치명적이다. 완벽하게 공부했다는 자기만족은 남을지 몰라도, 실제 성적은 기대에 미치지 못한다. 성적은 노력의 양이 아니라 선택의 질로 결정된다.

두 학생을 비교해 보자. 첫 번째 학생은 완벽을 추구했다. 책을 처음부터 끝까지 꼼꼼히 읽으며 세세한 내용까지 파고들었다. 두 번째 학생은 핵심만 뽑아 빠르게 반복했다. 시험 당일, 첫 번째 학생은 앞부분만 간신히 풀었고, 두 번째 학생은 시험지 전체를 자신 있게 풀었다. 결과는 뻔하다. 시험에서 이기는 건 지식의 깊이가 아니라 출제자의 마음을 읽는 눈치다. 공부에서 잘 제끼기란 결국 무시할 줄 아는 능력이다. 중요하지 않은 부분을 버리고, 중요한 부분은 여러 번 반복한다. 처음에는 버리는 게 두렵다. 하지만 몇 번 경험하다 보면 알게 된다. 시험은 대부분 핵심에서 나온다는 것을.

결국 성적은 모든 내용을 완벽히 아는 것보다, 무엇을 과감히 버리느냐에 달려 있다. 시험에서 성공하는 사람은 모든 것을 아는 사람이 아니라, 무엇을 과감히 제낄 줄 아는 사람이다. 공부의 진짜 기술은 집착이 아니라 선택이다. 그러니 오늘부터 공부할 때 과감하게 제끼는 연습을 해보자. 완벽하려는 욕심을 버리고 중요한 것에 집중해라. 그게 바로 성적을 올리는 가장 빠르고 확실한 길이다. 잘 제끼는 용기, 그것이 성적을 바꾸는 비밀 병기다.

4

제갈공명의 공부법

『삼국지연의[14]』에는 참 재미있는 이야기가 많다. 그중 하나가 나라별 '최애 캐릭터' 이야기다. 중국 사람들은 충성심의 화신, 붉은 얼굴의 관우를 가장 좋아한다. 일본 사람들은 용맹하면서도 겸손한 조운에게 열광한다. 그런데 우리나라는? 지략과 충성심을 모두 갖춘 제갈량이 단연 인기다. 『삼국지연의』 초반부는 유비, 관우, 장비의 뜨거운 의리와 화끈한 전투 장면으로 가득하다. 하지만 유비가 세상을 떠난 뒤부터 진짜 주인공은 제갈량이다. 말 그대로 후반부는 '제갈량 연의'다.

『삼국지연의』 속 제갈량은 거의 '신급 캐릭터'다. 적벽대전에서 동남풍을 불게 하는 초자연적인 능력을 보여주고, 적의 전략을 귀신같이

---

14 삼국지연의는 중국 후한 말부터 진나라 초까지의 삼국시대를 배경으로 한 역사소설로, 실제 역사서인 진수의 《삼국지》를 바탕으로 나관중이 민간 설화와 전설, 상상력을 더해 각색한 작품

꿰뚫어본다. 한마디로 만능 지략가. 하지만 역사서인 『정사 삼국지[15]』 속 제갈량은 조금 다르다. 실제 그는 마법사가 아니라 뛰어난 행정가였다. 전쟁보다는 국가의 내정을 안정시키고 나라를 살찌우는 데 탁월했다. 물론 군사적 재능도 있었지만, 그의 진짜 능력은 '관리의 달인'이었다.

어쨌든 어느 쪽 제갈량이든 중국 역사상 손꼽히는 천재라는 사실만은 변하지 않는다. 그가 그렇게 똑똑했던 비결은 뭘까? 바로 남다른 공부법이었다. 『위략(魏略)[16]』에 기록된 일화를 보면 그의 학습 스타일이 확실히 드러난다. 제갈량은 젊은 시절 형주에서 친구들과 함께 공부했다. 친구들은 책을 꼼꼼히 읽고 세세한 내용을 완벽하게 외웠다. 반면 제갈량은 달랐다. 그는 세부적인 내용엔 큰 관심을 두지 않고, 책의 중요한 흐름만 빠르게 훑어보았다. 늘 무릎을 끌어안고 휘파람을 불며 느긋하게 공부했다. 그러면서도 농담처럼 이렇게 말했다. "당신들은 나중에 벼슬하면 군수 정도는 할 수 있을 거요." 친구들이 어리둥절해하며 이유를 묻자, 제갈량은 그저 웃기만 했다. 그리고 세월이 흘렀다. 제갈량은 촉나라의 승상이 되었고, 친구들은 진짜로 군수 정도에 머물렀다. 괜히 천재가 아니었다.

---

15 서진의 진수(陳壽)가 짓고 남조 송나라의 배송지(裴松之)가 주를 달아 내용을 보충한 삼국시대의 인물들을 다룬 역사서
16 위략(魏略)은 중국 삼국시대 위나라를 중심으로 쓰인 역사서로, 저자 어환(魚豢)이 위나라 말기부터 진나라 초기에 편찬한 것으로 추정

이 공부법을 '관기대략(觀其大略)'이라고 한다. 말 그대로, 전체의 큰 그림을 먼저 보고 흐름을 파악하는 공부법이다. 오늘날로 치면 '핵심만 빠르게 요약해서 보는 스킬'쯤 된다. 요점 정리에 집착하기보다는 본질을 꿰뚫는 것이다. 사마휘(水鏡)라는 스승 밑에서 공부할 때도 그의 성향은 그대로였다. 사마휘는 엄격하기로 유명해, 제자들에게 3년 동안 혹독하게 가르친 후 졸업시험을 치르게 했다. 그런데 그 시험 문제가 너무 세세한 암기 위주였다. 제갈량은 시험지를 받자마자 화를 내며 뛰쳐나갔다. "이런 시험이 뭐가 실무에 도움이 됩니까!"라고 항의까지 했다.

놀랍게도 사마휘는 그에게 벌을 내리기는커녕, 오히려 그 기개와 통찰을 높이 평가해 '최우수 학생'으로 인정했다. 진짜 공부는 세세한 암기가 아니라 큰 흐름을 읽는 힘이라는 걸 스승도 알고 있었던 것이다. 제갈량은 늘 큰 포부를 품었다. 자신을 춘추시대 제나라의 명재상 관중, 전국시대 연나라의 명장 악의와 비교했다. 그가 원하는 건 단순한 기억력 시험이 아니라, 나라의 운명을 바꿀 수 있는 통찰력이었다. 그에게 공부란 세부적인 지식의 저장이 아니라 본질을 꿰뚫는 눈을 키우는 일이었다.

현대 사회는 정보가 넘쳐나는 시대다. 하루에도 수없이 많은 뉴스, 글, 영상이 쏟아진다. 그 모든 정보를 다 꼼꼼히 읽고 기억하려 하면 머리가 터질 것이다. 이제는 제갈량식 공부법이 필요하다. 핵심만 빠르게 파악하고, 전체의 흐름을 읽어내는 능력이야말로 현대인의 생존 기술이다. 시험 준비를 하는 학생에게도, 회사에서 보고서를 작성하는 직장인에게도 이 방법은 유효하다. 세부적인 것에 매달리면 끝이 없다. 정말 중요한 것을 먼저 보고, 나머지는 과감히 버려야 한다. 그래야 시간과 에너지를 아끼면서도 성과를 낼 수 있다.

제갈량이 이런 말을 건네는 듯하다. "세부적인 것에 얽매이지 말고, 본질을 보시오. 나처럼 하면 군수로 끝나지 않고 승상이 될 것이오." 우리는 천재가 아니어도 괜찮다. 다만, 정보의 홍수 속에서 길을 잃지 않으려면 제갈량의 지혜를 빌려야 한다. 중요한 것과 그렇지 않은 것을 빠르게 구분하고, 본질만 골라 습득하는 능력. 그것이야말로 복잡한 세상에서 살아남는 진짜 공부법이다.

결국 공부는 양이 아니라 방향이다. 많이 아는 것보다 제대로 아는 것이 훨씬 중요하다. 제갈량처럼 '관기대략'의 눈을 가진다면, 우리는 자신만의 분야에서 훌륭한 전략가가 될 수 있다. 요약하자면, 승상과 군수의 차이는 디테일 집착이 아니라 본질을 보는 눈에 달려 있다.

5

족보가 중요한 이유

대학에서는 기출 문제를 '족보'라고 부른다. 혹은 '야마'라고도 한다. '야마'라는 단어가 일본어에서 왔다느니, 산을 뜻한다느니 말이 많지만, 사실 그 어원이 뭐든 중요하지 않다. 학생들에게 이 기출 문제들은 시험 기간에 갑자기 나타난 구명보트 같은 존재다. 물에 빠져 허우적거리다가 '야마 탔다!' 하고 올라타는 순간, 그 학생의 눈빛에는 희망이 반짝인다. 의대에서는 이런 말이 있다. '족보만 잘 봐도 유급은 면한다.' 웃자고 하는 얘기 같지만, 반쯤은 진담이다. 그만큼 기출 문제는 시험에서 엄청난 위력을 발휘한다. 단순히 문제가 반복돼서만은 아니다. 그 뒤에는 아주 현실적이고 인간적인 이유가 있다.

먼저 출제자의 입장에서 생각해보자. 시험 문제를 내는 교수님들의 본업은 '시험 문제 출제사'가 아니다. 그들의 본업은 가르치고, 연구하고, 논문 쓰는 일이다. 시험 문제는 그저 추가 업무일 뿐이다. 새롭고 참신한 문제를 만들려면 머리 아프다. '이 문제의 답이 혹시 두 개 아닐까?', '학생들이 이걸로 민원 넣으면 어떡하지?' 이런 생각만 해도 피곤하다. 그래서 출제자는 결국 자신이 가장 잘 알고, 좋아하고, 안전한 주제를 고수하게 된다. 그 결과, 같은 주제의 문제가 살짝 옷만 갈아입고 시험에 또 등장한다. 이것이 바로 '기출은 반복된다.'라는 불변의 진리다.

학생 입장에서 기출 문제의 가치는 단순히 '공부 꿀팁' 수준이 아니다. 시험장에서 가장 끔찍한 장면을 상상해보자. 모든 학생이 맞추는 문제를 나만 틀렸을 때의 그 서늘한 공포. 이보다 더 잔혹한 건 없다. 기출 문제는 이미 모두가 아는 문제다. 그러니 기출을 소홀히 하면? 혼자만 바보가 된다. 그야말로 '시험판 왕따'를 경험하게 되는 것이다. 기출 문제를 푼다는 건 단순히 점수를 올리는 게 아니라, '뒤처지지 않기 위한 최소한의 생존 전략'이다. 게다가 기출 문제를 반복하다 보면 시험의 흐름이 보인다. 출제자의 머릿속을 슬쩍 들여다보는 느낌이다. '아, 이 교수님은 항상 이 파트를 좋아하는구나.', '이번 시험에서도 또 이 내용이 나올 가능성이 높겠네.' 이런 통찰이 생긴다. 그냥 공부할 때는 숲을 못 보고 나무만 본다. 하지만 기출 문제는 숲의 길을 보여주는 지도 같은 역할을 한다.

특히 시험 공부를 처음 시작할 때는 무엇부터 해야 할지 막막하다.

그럴 때 기출 문제는 최고의 길잡이다. 시험이라는 거대한 미로에서 '이쪽으로 가라'고 가리키는 화살표 같은 존재다. 덕분에 시간과 에너지를 엉뚱한 데 쓰지 않게 된다. 모든 시험에 기출 문제는 통한다. 중고등학교 내신부터 수능, 공무원 시험, 의사 국가고시까지. 시험의 급이 달라도 공식은 같다. '기출이 곧 생명줄이다.'

많은 학생들이 그 중요성을 알면서도 이유를 깊이 생각하지 않는다. 그냥 선배들이 하니까 따라 하는 정도다. 하지만 원리를 알면 더 효율적으로 활용할 수 있다. 시험 공부의 본질은 단순하다. 많이 아는 게 중요한 게 아니라, '중요한 걸 정확히 아는 것'이다. 기출 문제는 바로 그 '중요한 것'을 알려준다. 시험에 자주 나오는 부분을 정확히 찍어주기 때문이다. 공부를 잘하는 학생들은 기출 문제를 단순히 답만 외우지 않는다. 문제를 통해 출제자의 사고 방식을 파악한다. '왜 이 문제를 냈을까? 시험에서 요구하는 건 뭘까?' 이걸 생각하면서 공부한다. 그러면 시험 준비가 훨씬 단순해진다.

반대로 기출 문제를 무시하고 무작정 교과서를 처음부터 끝까지 파는 학생이 있다. 열심히는 한다. 하지만 방향이 틀렸다. 시험장에서 그들의 성적은 노력에 비해 늘 아쉽다. 공부는 마라톤이 아니라 전쟁이다. 전쟁에서는 무기와 전략이 중요하다. 기출 문제는 그 무기와 전략을 동시에 제공한다.

결국 시험은 '누가 더 열심히 하느냐?'의 싸움이 아니다. '누가 더 효율적으로 하느냐?'의 싸움이다. 기출 문제는 그 효율성을 극대화해준다. 시험을 준비한다면, 지금 당장 기출 문제부터 잡아야 한다. 기출 문제를 제대로 본다는 건 단순히 문제를 푸는 게 아니라, 시험의 본질을 이해하는 것이다. 그리고 그 순간, 당신은 시험이라는 바다에서 허우적대는 사람이 아니라, 구명보트를 타고 목표를 향해 나아가는 사람이 된다.

6

마음의 병이 공부를 막을 때

공부가 안 될 때 사람들은 종종 의지력을 탓한다. '나태해서 그렇다.', '마음가짐이 부족하다.'고 스스로를 책망하거나, 주변에서 그런 말을 듣기도 한다. 하지만 의지력이나 시간 관리의 문제가 아닌 경우가 있다. 뇌의 기능이 제 역할을 하지 못해서, 마음의 엔진이 멈춰 있는 상태에서도 자신을 계속 몰아붙이다 보면 오히려 자책감만 커진다.

실제로 정신과에서 자주 접하는 질환 중에는 공부를 심각하게 방해하는 경우가 많다. 대표적으로 우울장애, 공황장애, 주의력결핍과잉행동장애(ADHD), 강박장애가 있다. 이 질환들은 단순한 기분이나 성격 문제가 아니라, 뇌 기능과 신경전달물질의 이상에서 비롯되는 질병이다. 단순히 마음을 다잡는다고 해결되지 않으며, 적절한 진단과 치료가 필요하다.

예를 들어 우울장애가 있는 학생은 의욕이 떨어지고, 집중이 안 되며, 매사에 무기력하다. 책상 앞에 앉는 것조차 힘들어지기도 한다. 스스로 게으르다고 오해할 수 있지만, 이는 뇌의 보상 시스템이 제대로 작동하지 않아 '의미'를 감지하지 못하는 상태에 가깝다. 실제로 우울증은 기억력과 집중력에도 영향을 미치며 학업 수행 능력을 저하시킨다는 연구들이 있다. 「미국 정신의학 저널(American Journal of Psychiatry, 2004)」에 실린 논문에 따르면, 주요 우울장애 환자들은 건강한 대조군에 비해 인지기능과 작업기억 수행이 유의미하게 낮았다.

공황장애는 시험장 공포를 동반하기 쉽다. 갑자기 심장이 두근거리고, 숨이 가빠지고, 손발이 떨리면서 '내가 죽는 건 아닐까?' 하는 생각이 들기도 한다. 이런 경험이 반복되면 시험에 대한 공포가 생기고, 그 공포 때문에 시험 자체를 회피하게 되는 악순환이 생긴다. 결국 아무리 열심히 준비해도 시험에서 제 실력을 발휘할 수 없게 된다. 이로 인해 공황장애가 있는 학생들은 성적은 물론 자신감과 자존감까지 잃게 되는 경우가 많다. 이런 경우, 불안을 다루는 훈련이나 약물치료를 통해 상황을 개선할 수 있다.

ADHD는 산만하고 집중을 잘 못하는 것으로 알려져 있지만, 실제로는 '집중 조절'에 어려움이 있는 질환이다. 관심 있는 일에는 과도하게 몰입하기도 하고, 해야 할 일에는 전혀 집중하지 못한다. 계획을 세워도 실행력이 떨어지고, 실수도 잦다. 그래서 공부는 많이 한 것 같은데, 정작 점수는 안 나오는 경우가 많다. 「주의력장애 저널(Journal of Attention Disorders, 2017)」에 발표된 연구에서는 ADHD가 있는 대학생들이 과제 수행과 시험 준비에서 반복적으로 어려움을 겪으며, 학업 성취도가 낮게 나타났다고 보고했다. 특히 ADHD는 단순한 산만함이나 게으름과 혼동되기 쉬워 조기 진단과 치료가 늦어지는 경우가 많다.

그리고 많은 학생들이 겪지만 쉽게 말하지 못하는 장애가 있다. 바로 강박장애다. 이 질환은 생각의 고리가 반복되며 끊기지 않는 것이 특징이다. 특히 공부와 관련된 강박사고는 치명적이다. 예를 들어, 노트를 정리할 때 글씨가 조금만 틀어져도 처음부터 다시 써야 한다고 느끼거나, 교재를 볼 때 '100% 이해해야 다음으로 넘어갈 수 있다.'는 생각에 사로잡혀 진도가 전혀 나가지 않는 경우가 있다. 하루 종일 책상 앞에 앉아 있어도 진도는 두 페이지가 채 되지 않는다. 머릿속에서는 '이러다 공부 망하는 거 아냐?'라는 불안이 증폭되고, 불안을 줄이기 위한 행동이 반복된다. 이것이 바로 강박의 메커니즘이다.

실제로 강박장애는 학업 수행에 큰 영향을 미친다. 「불안장애 저널(Journal of Anxiety Disorders, 2013)」에 실린 연구에 따르면, 강박 증상이 심할수록 과제 완성과 시험 준비에 소요되는 시간이 비효율적으로 늘어나며, 이로 인해 성적과 자기효능감이 모두 감소한다고 보고되었다. 완벽하게 하고 싶은 마음은 이해되지만, 그 완벽주의가 뇌 속 강박회로에 물려 있다면, 이는 고쳐야 할 질병이다. 또한 강박적인 성향을 가진 학생은 실수에 대한 공포가 크기 때문에, 실제 시험 상황에서 머리가 하얘지는 현상도 자주 나타난다. 실수 없는 완벽한 답안을 요구하다 보면, 오히려 한 문제도 완성하지 못하고 시험이 끝나기도 한다.

이외에도 학업을 방해할 수 있는 정신과적 증상들은 다양하다. 불면증, 불안장애, 외상후스트레스장애(PTSD), 기분장애, 섭식장애 등도 집중력과 인지기능에 악영향을 줄 수 있다. 특히 청소년기나 청년기에는 감정 조절 능력이 아직 충분히 발달하지 않았기 때문에, 스트레스 상황에서 증상이 더욱 뚜렷하게 나타날 수 있다. 그래서 학업 문제로 정신과에 방문하는 이들은 단순히 성적 고민이 아니라, 더 근본적인 심리적 어려움을 겪고 있는 경우가 많다.

중요한 점은 이 모든 질병이 '치료 가능하다'는 것이다. 약물치료와 인지행동치료, 생활습관 조정 등을 통해 증상을 완화시키고 삶의 기능을 회복할 수 있다. 무엇보다 '공부를 못하는 건 내 의지가 약해서야,'라고 자책하지 않아야 한다. 아픈 사람에게는 치료가 먼저다. 독감에 걸린 사람에게 뜨거운 물을 마시고 근성으로 버티라고 하지 않듯,

정신과적 질병 역시 치료가 필요한 의학적 상태다.

만약 요즘 공부가 유난히 안 되고, 불안이나 우울, 불면, 지나친 집착이 계속된다면, 그건 성격이 아니라 증상일 수 있다. 정신건강의학과 진료는 더 이상 특별한 선택이 아니다. 혼자 끙끙대지 말고, 도움을 요청하자. 그게 공부의 시작일 수 있다. 정신건강의 회복은 곧 학습 능력의 회복이며, 자기 자신을 이해하고 돌보는 것은 가장 효과적인 공부 전략이 될 수 있다.

제8부

대충 살며
행복해지는 법

Good Enough Wins

집착을 내려놓아야
편안해진다

대충 먼저 보고 가자

1. 같은 자극을 반복하면 뇌가 익숙해져 행복의 강도는 줄어든다. 자극을 키우기보다 기대치를 낮추고 작은 것에 만족하는 습관이 행복을 오래 붙잡는 방법이다.

2. 행복은 절대값이 아니라 비교의 산물이라, 남과의 비교(SNS 포함)를 줄이고 나만의 기준을 세울 때 비로소 편안해진다.

3. 돈은 생존과 안정에 꼭 필요하다. 하지만 일정 수준 이후엔 경제적인 수입보다 관계의 질이 행복의 조건이 된다.

4. 결과에는 실력 못지않게 '운'이 크게 작용한다. 결과에 대한 집착은 내려놓고 내가 통제할 수 있는 준비와 과정에 집중하는 게 현명하다.

5. 남의 성공을 내 실패로 해석하는 질투는 마음을 갉아먹고 관계를 무너뜨린다. 진심으로 축하해주면 행복은 경쟁이 아니라 전염이 되어 내게도 돌아온다.

6. 행복 반응은 유전 영향이 커서 출발선이 다르지만, 남은 절반은 습관과 선택으로 키울 수 있다.

1

기쁨에도 내성이 있다

어릴 적 초등학교 졸업식이 끝나면 늘 먹던 게 있었다. 바로 짜장면이다. 검정 그릇에 담긴 윤기 흐르는 면발, 그 위에 반짝이는 소스, 라드 기름 특유의 고소한 향. 젓가락을 들자마자 침이 고였고, 첫 한입을 먹는 순간… 세상에, 그 맛의 폭발력은 마치 입안에서 불꽃놀이가 펼쳐지는 듯했다. 그땐 짜장면이 지금처럼 흔하지 않았다. 일 년에 한두 번, 아주 특별한 날에만 먹을 수 있었다. 그러니 짜장면 한 그릇이 주는 행복은 그야말로 최고였다.

그런데 요즘은? 배달 앱을 활용해 주문하면 불과 10분 만에 짜장면이 집 앞으로 온다. 게다가 짜장면만 있는 것도 아니다. 파스타, 초밥, 스테이크, 랍스터까지 메뉴가 넘쳐난다. 이제는 짜장면을 먹으면서도 가슴이 두근거리지 않는다. 예전처럼 감동적인 한입이 아니라, 그냥 배를 채우는 한 끼일 뿐이다. 너무 자주, 너무 쉽게 먹을 수 있으니 특별함이 사라진 것이다. 쉽게 말해 행복의 '내성'이 생긴 셈이다.

내성이란 무엇일까? 원래 약물학에서 많이 쓰는 개념이다. 처음엔 진통제나 수면제를 조금만 먹어도 잘 듣는다. 하지만 반복해서 복용하면 뇌가 적응하면서 효과가 점점 떨어진다. 그래서 더 많은 양이 필요하게 된다. 술도 마찬가지다. 대학 신입생 시절, 맥주 두 잔만 마셔도 얼굴이 빨개지던 사람이 10년 후 소주 한 병을 마시고도 멀쩡하다면, 그건 간이 강해진 게 아니라 알코올에 대한 내성이 생긴 것이다. 짜장면도 마찬가지다. 처음 먹을 땐 도파민이 폭발하지만, 계속 먹다 보면 뇌가 그 자극에 익숙해져 반응을 줄인다. 뇌는 '새로운 것'에는 민감하게 반응하지만, '반복되는 것'에는 점점 무뎌지는 습성을 가지고 있다. 그래서 처음엔 두근거리던 연애도, 1년쯤 지나면 손을 잡아도 별 감흥이 없다. 뇌 입장에서는 이미 '익숙한 메뉴'가 된 것이다.

비슷한 개념이 경제학에도 있다. 바로 한계효용체감의 법칙이다. 같은 것을 반복해서 소비할수록 만족감이 점점 줄어든다는 이론이다. 첫 젓가락의 짜장면은 감동 그 자체지만, 세 번째 젓가락부터는 그냥 배를 채우는 행위로 바뀐다. 「심리인지과학(Psychological and Cognitive Sciences, 2010)」 연구에 따르면, 소득이 일정 수준을 넘어서면 행복감이 더 이상 크게 증가하지 않는다. 즉, 많이 가진다고 반드시 더 행복해지는 것은 아니라는 뜻이다.

이 원리를 뇌과학적으로 풀어보면 더 흥미롭다. 우리가 '행복하다'고 느낄 때 분비되는 도파민은 사실 '예상보다 좋은 결과'가 나왔을 때만 터진다. 인생에서 엄청난 사건이 있어도 인간은 결국 일정한 행복 수준으로 돌아가는 경향이 있다. 로또에 당첨되든, 사고로 다치든 1년 후의 행복감은 거의 비슷한 수준으로 회귀한다. 즉, 도파민은 절대적인 자극보다는 '기대 대비 얼마나 좋은가'에 따라 결정된다. 기대보다 좋으면 폭발하고, 기대보다 못하면 급격히 줄어든다. 연애 초반에는 손만 잡아도 심장이 쿵쾅거리지만, 시간이 지나면 키스를 해도 심장이 평온한 이유가 바로 이것이다.

그렇다면 우리는 어떻게 해야 행복을 오래 유지할 수 있을까? 가장 흔한 방법은 새로운 자극을 찾는 것이다. 낯선 여행지, 새로운 사람, 색다른 경험. 이런 것들은 뇌를 잠시 깨워준다. 하지만 이건 임시방편에 불과하다. 계속 자극을 좇다 보면, 점점 더 강한 자극 없이는 만족하지 못하게 된다. 마치 진통제를 계속 늘려야 하는 것처럼, 자극의 용량을 계속 키워야만 같은 행복을 느끼게 된다. 그리고 어느 순간, 더 이상 새로운 게 없다는 사실을 깨닫게 된다.

진짜 해법은 자극을 키우는 것이 아니라, 행복의 기준을 낮추는 것이다. 행복은 강도를 높이는 것이 아니라 역치를 낮추는 싸움이다. 그중에서도 가장 확실한 방법이 바로 기대치를 낮추는 것이다. 사람은 절대적인 만족으로 행복을 느끼지 않는다. '예상보다 얼마나 좋았는가?'가 핵심이다. 점심에 아무 기대 없이 들어간 허름한 식당에서 반찬이 의외로 맛있으면 괜히 기분이 좋아진다. 반대로, 엄청난 기대를 하고 간 고급 레스토랑이 평범하면 실망감이 더 크다. 운동 후 마시는 시원한 물 한 잔이 꿀맛인 것도 같은 이유다. 갈증이 크면 클수록 만족도는 커진다.

중요한 건, 이 기대치는 타인이나 세상만의 문제가 아니라 자기 자신에게도 해당된다는 사실이다. 우리는 스스로에게 너무 많은 걸 요구한다. 더 잘해야 한다, 더 완벽해야 한다, 더 열심히 살아야 한다… 하지만 그 기준은 내가 만든 것이고, 그 기준 때문에 내가 나를 괴롭힌다. 기대치를 낮추면 마음이 편해진다. 실수해도 괜찮고, 부족해도 버틸 수 있다. 뇌 속 도파민은 이런 낮은 기대를 만났을 때 오히려 더 쉽게 반응한다. 이건 단순한 심리 요령이 아니라, 실제 뇌의 생리적 법칙이다.

여기서 조금 억울하게 느껴질 수도 있다. "행복에도 내성이 있다니, 세상 살기 너무 힘든 거 아냐?" 하지만 다행히도, 불행에도 내성이 생긴다. 반복되는 고통 속에서 뇌는 조금씩 둔감해지고, 마음은 점점 단단해진다. 처음 이별을 겪었을 때는 며칠 동안 울고 아무것도 못 했다. 하지만 두 번째, 세 번째 이별을 겪으면서부터는 아픔을 견디는 법을 배운다. 직장에서 큰 실수를 했을 때는 밤새 자책하며 잠을 못 잤지만, 시간이 지나면 '실수도 일의 일부'라고 생각할 수 있게 된다. 큰 병을 처음 진단받았을 땐 세상이 무너지는 것 같지만, 치료를 이어가며 일상을 조금씩 회복해 나가는 사람들도 있다.

뇌는 단지 쾌락만 설계하는 기관이 아니다. 회복도 설계한다. 그래서 행복은 쉽게 사라지고, 불행은 조금씩 무뎌진다. 우리는 이 두 가지 사실을 이해하고, 기대를 낮추며 작은 것에서 기쁨을 찾는 연습을 해야 한다. 그때 비로소, 세상은 조금 더 살 만해진다.

2

남의 좌표에 인생을 맞추지 마라

아인슈타인의 상대성 이론이라고 하면 어렵게 느껴지는 사람이 많다. 이름만 들어도 머리가 지끈거리는 그 유명한 이론 말이다. 하지만 핵심만 간단히 설명하면 생각보다 단순하다. 우리가 일상에서 경험하는 시간, 속도, 거리 같은 물리량은 '절대적'으로 고정되어 있는 게 아니라 관찰자의 위치와 상태에 따라 달라진다는 이야기다.

예를 들어보자. 기차 안에 있는 사람이 창밖을 바라본다고 해보자. 그 사람에게는 자신이 앉아 있는 객실이 멈춰 있는 것처럼 보인다. 그런데 기차 밖에서 그 기차를 바라보는 사람에게는 객실 안의 모든 것이 시속 300km로 달리고 있는 것처럼 보인다. 같은 물체라도 누가, 어디서 보느냐에 따라 전혀 다르게 보이는 것이다. 아인슈타인이 말한 건 바로 이것이다. 세상에 완전히 절대적인 기준은 없으며, 모든 것은 상대적이라는 것이다.

이 개념은 물리학에서만 통하는 게 아니다. 인간의 감정, 특히 행복에도 그대로 적용된다. 사람들은 흔히 이렇게 생각한다.

'돈이 많으면 행복하다.'
'좋은 집에 살면 행복하다.'
'성공하면 행복하다.'

마치 행복이 일정 기준에 도달하면 자동으로 따라오는 것처럼 믿는다. 하지만 정말 그럴까? 역사를 떠올려보자. 조선 시대 평민의 삶을 생각해보면 답이 보인다. 그 시절 사람들은 하루 종일 들에서 일하고, 집은 초가집, 약 하나 제대로 구하지 못해 작은 병에도 생명이 위태로웠다. 오늘날의 우리는 스마트폰으로 세상의 소식을 실시간으로 확인하고, 에어컨을 켜 놓고 배달앱으로 원하는 음식을 주문한다. 절대적인 삶의 조건만 보면 현대인은 조선 시대 사람들보다 훨씬 풍요롭고 편리하게 살고 있다. 그렇다면 당연히 현대인이 훨씬 더 행복해야 한다.

하지만 현실은 그렇지 않다. 진료실에서 만나는 수많은 사람들은 풍요로운 환경 속에서도 여전히 불행을 호소한다. 왜 이런 역설이 생길까? 그 이유는 간단하다. 행복은 절대적인 상태가 아니라 상대적인 감정이기 때문이다. 조선 시대 평민은 옆집 사람도 비슷하게 가난하고 비슷하게 힘들었기 때문에, 불행을 크게 느끼지 않았다. 하지만 현대인은 다르다. 우리는 끊임없이 비교 속에서 자신을 평가한다. 내가 가진 것이 얼마냐보다, 남이 가진 것과 비교했을 때 상대적으로 많은지 적은지가 내 행복을 좌우한다.

이 비교를 극단으로 몰아붙이는 것이 바로 SNS(Social Networking Service)다. SNS는 본질적으로 비교를 위한 매체다. 누군가가 발리에서 찍은 수영장 사진을 올리고, 누군가는 반짝이는 새 차를 자랑하며, 또 다른 누군가는 고급 레스토랑에서 먹은 코스요리를 올린다. 그걸 보는 순간, 우리의 뇌는 자동으로 비교 모드에 돌입한다.

"나는 왜 여기 앉아 라면 먹고 있지?"
"저 사람은 어떻게 저렇게 화려하게 살까?"

이런 생각들이 계속되면, 내가 얼마나 많은 걸 가지고 있는지는 중요하지 않다. 내 삶은 남의 삶에 비해 초라해 보이고, 행복감은 순식간에 줄어든다.

SNS의 파괴력이 얼마나 큰지는 실제 사례에서도 확인된다. 한때 '지구에서 가장 행복한 나라'로 불렸던 나라, 부탄이 있다. 부탄은 국민총행복지수(GNH)라는 독특한 지표까지 만들어 국민의 행복을 국가의 목표로 삼았다. 사람들은 단순하지만 평화로운 삶을 살았고, 스스로를 세상에서 가장 행복하다고 믿었다. 하지만 스마트폰과 SNS가 보급되면서 상황이 달라졌다. 과거에는 바깥세상을 몰랐기 때문에 자신들의 삶에 만족했다. 그러나 SNS를 통해 다른 나라 사람들의 화려한 삶을 보기 시작하면서 불행이 찾아왔다. '우리는 이 정도밖에 못 사는구나.' 남과 비교가 시작되자, 그들의 행복지수는 급격히 하락하기 시작했다. 실제로 부탄 정부 보고서에서도 스마트폰 보급률이 높아질수록 국민들의 삶의 만족도가 떨어졌다고 분석했다.

2013년 스탠포드 대학의 크라스노바(Krasnova) 교수 연구에서도 이 현상이 뒷받침된다. SNS 사용 시간이 길어질수록 사람들은 타인의 삶을 과대평가하고, 자신의 삶을 과소평가하게 된다. 마치 남의 하이라이트 영상을 보고 내 NG 장면과 비교하는 꼴이다. 당연히 상대적 박탈감은 커지고, 행복은 줄어든다. 물론 비교 자체가 항상 나쁜 건 아니다. 적당한 비교는 동기부여가 되기도 하고, 발전의 계기가 되기도 한다. 문제는 그 비교가 지나쳐서 내 마음을 갉아먹을 때다. 남의 집 강아지가 우리 집 강아지보다 예쁘다고 질투하는 건 귀엽다. 하지만 남의 삶 전체가 나보다 훨씬 화려하게 느껴지면 불행은 순식간에 찾아온다. 결국 상대적 박탈감이라는 말이 괜히 나온 게 아니다.

그렇다면 이 비교의 함정에서 벗어나려면 어떻게 해야 할까? 행복의 기준을 타인이 아니라 자기 자신에게 맞추는 것이다. SNS 사용을 줄이고, 남이 가진 것 대신 내가 가진 것에 집중해야 한다. 예를 들어 감사일기를 쓰면서 하루 동안 내가 경험한 작은 성취와 즐거움을 기록해 보자. 점심에 맛있게 먹은 밥 한 끼, 친구와의 대화, 무사히 끝낸 하루. 이런 사소한 기록이 내 행복의 '절대적 기준'을 세워준다. 아인슈타인의 상대성 이론이 말한다. 세상에 절대적인 것은 없다. 시간, 속도, 거리조차도 보는 위치에 따라 달라진다.

행복도 마찬가지다. 내가 서 있는 기준을 어디에 두느냐에 따라 세상은 천국이 될 수도, 지옥이 될 수도 있다. 행복은 남과의 비교 속에서가 아니라, 자기 자신과의 평화로운 관계 속에서 자라난다. 아인슈타인의 말처럼, "당신의 행복은 당신이 어디에 서 있느냐에 달려 있다." 비교의 세계에서 벗어나 자신만의 좌표를 세울 때, 우리는 비로소 행복의 상대성에서 자유로워질 수 있다.

3

행복에도 조건이 있다

　돈이 많으면 행복할까? 대부분의 사람들은 이렇게 대답한다. "아니, 그걸 왜 물어봐? 당연히 행복하지!" 하지만 정말 그럴까? 반대로 돈이 없으면 행복할 수 있을까? 이번에는 사람들의 생각이 갈린다. 어떤 이는 마음만 먹으면 행복할 수 있다고 말하고, 어떤 이는 그건 절대 불가능하다고 단호히 말한다.

　확실한 건 하나다. 돈이 너무 없으면 불행할 확률이 매우 높다. 집세 걱정, 카드값 걱정, 오늘 저녁을 뭘로 때울지 고민하는 상황에서 '마음만 행복하게 먹으면 된다.'는 말은 그냥 잔인하다. 행복을 논하기 전에 생존부터 위협받기 때문이다. 즉, 돈은 행복의 '필요조건'이다. 하지만 놀랍게도 '충분조건'은 아니다. 돈이 있다고 해서 반드시 행복이 보장되는 건 아니다. 많은 사람들이 이렇게 생각한다. '돈만 있으면 모든 게 해결될 거야.' 하지만 그건 드라마 속 대사일 뿐이다. 현실은 훨씬 복잡하다. 재벌도 이혼하고, 수천억 자산가도 외로움에 잠 못 잔다. 심지어 유명인 중에서도 불행에 시달리다 극단적인 선택을 하는 사례가 끊이지 않는다. 돈이 모든 문제를 해결하지 못한다는 걸 보여주는 슬픈 현실이다.

그렇다면 돈 말고 행복을 결정하는 진짜 요인은 무엇일까? 이에 대한 가장 유명한 답을 준 연구가 있다. 바로 하버드 대학교의 「그랜트 연구(Grant Study), 2011」이다. 이 연구는 무려 1938년에 시작됐다. 그 당시 하버드 의대 정신과 교수였던 아먼드 니콜라이가 19세 하버드생 268명을 대상으로 그들의 평생을 추적하기 시작했다. 이후 연구는 2차 세계대전 참전, 결혼, 이혼, 자녀 양육, 직장 생활, 노년기까지 이어졌다. 결국 75년 이상 이어지며 인류 역사상 가장 긴 종단 연구가 되었다. 중간에 보스턴 빈곤층 남성 456명을 추가로 추적하며 두 그룹을 합쳐 총 724명의 인생 데이터가 연구에 담겼다. 연구진은 인터뷰, 설문조사, 병원 기록, 심리 평가, 심지어 가족 인터뷰까지 진행하며 인간 삶의 모든 데이터를 방대하게 축적했다. 그야말로 인간이라는 존재의 전 생애를 통째로 들여다본 연구였다.

이 방대한 연구를 수십 년간 이끈 정신과 의사 조지 베일런트 박사는 결국 하나의 명확한 결론을 내렸다. '좋은 인생은 좋은 인간관계에서 나온다.' 즉, 건강, 부, 성공보다도 인간관계가 행복을 가장 강하게 예측한다는 것이다. 그는 한 문장으로 연구를 요약했다. '행복한 삶을 만드는 것은 지능도, 돈도, 명예도 아닌 좋은 관계이다.'

「그랜트 연구(Grant Study), 2011」의 결과는 매우 분명했다. 따뜻한 가족과 친구, 배우자와의 관계를 유지한 사람들은 더 건강했고, 더 오래 살았으며, 삶의 만족도도 높았다. 반대로 외롭고 고립된 사람들은 조기 사망률이 높았고, 치매 발생률도 상대적으로 높았다. 특히 50세 시점에서 인간관계의 만족도를 기준으로 사람들을 분류했을 때, 80세 이후의 신체 건강 상태를 놀라울 정도로 정확하게 예측할 수 있었다. 돈으로 병원비를 낼 수는 있어도 마음을 낫게 할 수는 없다는 사실을 데이터가 증명한 셈이다.

「심리 과학에 대한 관점(Perspectives on Psychological Science, 2015)」 연구에 따르면, 외로움은 하루에 담배 15개비를 피우는 것만큼 건강에 해롭다고 한다. 아무리 유기농 식단을 챙기고 헬스장에서 러닝머신을 뛰어도 관계가 엉망이면 몸은 조용히 망가진다는 뜻이다. 관계가 단순히 마음의 문제가 아니라 생존의 문제라는 점을 보여준다.

그렇다면 인간을 행복하게 하는 공통 요소는 무엇일까?

첫째, 안정적인 삶이다. 여기서 말하는 안정이란 부자가 되는 것이 아니라, 기본적인 생계가 유지되고 내일에 대한 막연한 공포가 없는 상태를 말한다. 가난이 반드시 불행을 만들진 않지만, 가난으로 인한 불안과 불확실성은 삶의 질을 심각하게 떨어뜨린다.

둘째, 관계의 질이다. 깊은 대화를 나눌 친구, 조건 없이 지지해주는 가족, 나를 인정해주는 동료가 있을 때 우리는 삶에 의미를 느낀다. 현대 사회에서 외로움은 단순히 마음의 문제가 아니라 신체 건강에도 영향을 미친다.

셋째, 자기효능감과 성장감이다. '나는 쓸모 있는 사람이다.', '나는 조금씩 더 나아지고 있다.'는 감각은 인간에게 강력한 만족감을 준다. 반복되는 일상 속에서도 내가 성장한다는 느낌은 삶을 지속하게 만드는 원동력이 된다.

넷째, 감사의 감정이다. 감사는 단순한 미덕이 아니다. 정신의학적으로도 입증된 행복의 조건이다. 감사일기를 쓰는 사람들은 그렇지 않은 사람들보다 우울감이 낮고, 삶의 만족도가 높다는 연구 결과가 있다. 한 연구에서는 매일 감사할 일을 적는 참가자들이 그렇지 않은 사람들에 비해 더 낙관적이고 건강하다고 보고했다.

결국 돈은 행복의 전부가 아니다. 물론 어느 정도의 돈은 필요하다. 집세 걱정, 병원비 걱정 없이 살기 위해서는 돈이 필수다. 하지만 일정 수준을 넘어서면 더 많은 돈이 더 큰 행복으로 이어지진 않는다. 「미국 국립과학원 회보(Proceedings of the National Academy of Sciences, 2010)」 연구에 의하면, 미국에서 연소득이 약 7만 5천 달러(약 1억 원)를 넘으면 더 이상의 수입은 주관적 행복에 거의 영향을 미치지 않는다. 즉, 돈으로 살 수 있는 행복에는 '포화점'이 있다.

우리는 종종 행복을 '성공'이라는 이름으로 포장된 외부 조건에서 찾으려 한다. 비싼 집, 좋은 직장, 화려한 이력서. 하지만 진짜 행복은 보이지 않는 곳에 있다. 그것은 바로 관계, 의미, 성장, 감사다. 돈은 도구일 뿐, 목적이 아니다. 돈만으로는 해결되지 않는 마음의 허기를 채우기 위해 우리는 더 중요한 것들을 살펴봐야 한다. 내가 얼마를 벌고, 몇 평 아파트에 사느냐보다 더 중요한 건 내 삶이 어떤 이야기를 그리고 있는가이다. 내가 누구와 함께 있고, 무엇을 위해 사는가. 그 이야기 속에 따뜻함과 의미가 있다면, 그것이 바로 행복이다. 돈으로 밥은 살 수 있어도 함께 웃으며 먹을 친구는 살 수 없다. 돈으로 침대는 살 수 있어도 편안한 잠은 살 수 없다. 그리고 돈으로 사랑을 사려 한다면, 그건 행복이 아니라 계약일 뿐이다.

행복은 결국 숫자가 아니라 사람과 이야기의 문제다. 돈을 벌기 위해 사는 것이 아니라, 사람과 이야기하며 살기 위해 돈을 쓰는 것. 그때 비로소 돈은 행복의 조연이 된다. 행복의 주인공은 언제나 사람, 그리고 그 사람들과 만들어가는 삶의 이야기다.

4

운이 70%, 준비가 30%

사람들은 흔히 이렇게 말한다. '노력은 배신하지 않는다.' 얼마나 멋있는 말인가. 마치 동기부여 영상의 마지막 장면에 흘러나올 것 같다. 들으면 마음이 뜨거워지고, 왠지 뭐든 할 수 있을 것 같다. 그런데 안타깝게도 현실은 조금 다르다. 아무리 노력해도 결과가 엉망인 경우가 허다하다. 시험을 위해 밤새 공부했는데도 시험지를 받아들자 머리가 하얘지는 경우, 다이어트를 위해 일주일 동안 닭가슴살과 샐러드만 먹었는데도 체중계 숫자가 미동도 하지 않는 경우 말이다. 반대로 큰 노력 없이도 운 좋게 성공하는 사람들도 있다. 그들을 볼 때마다 세상은 참 불공평하다고 느껴진다.

그래서 세상 사람들은 어느 순간부터 이런 말을 하기 시작했다. '인생은 운칠기삼이다.' 운이 70%, 실력(기술)이 30%라는 뜻이다. 이 말은 처음 들으면 조금 억울하다. 마치 아무리 노력해도 소용없다는 말처럼 들리기 때문이다. 그런데 진짜 의미는 그게 아니다. 노력도 중요하지만, 운의 힘이 생각보다 엄청나는 걸 인정하자는 말이다.

손자병법에는 이런 표현이 나온다. '용장 위에 지장 있고, 지장 위에 덕장 있으며, 덕장 위에 운장이 있다.' 용맹한 장수보다 지혜로운 장수가 낫고, 지혜로운 장수보다 덕을 가진 장수가 낫지만, 이 모두를 뛰어넘는 건 운이 좋은 장수라는 뜻이다. 쉽게 말해, 실력으로 싸우지만, 전쟁의 승패는 결국 운이 결정한다는 이야기다.

역사 속 사례를 보면 이 말의 의미가 실감난다. 세계적인 기업가나 스포츠 스타도 자신의 성공을 돌아볼 때 꼭 운을 언급한다. 워런 버핏은 이렇게 말했다. "나는 단지 좋은 시기에, 좋은 나라에서, 좋은 부모님 밑에서 태어났을 뿐이다." 빌 게이츠도 마찬가지였다. "나는 행운아다. 어린 시절, 운 좋게 컴퓨터를 접했고 적절한 기회를 얻었다." 그들이 게으르게 살았을까? 아니다. 누구보다 치열하게 노력했다. 하지만 노력만으로는 설명할 수 없는 '운의 힘'이 있었다.

1988년 서울올림픽에서 금메달을 딴 한국 양궁선수의 일화는 유명하다. 마지막 한 발을 쏘기 직전, 갑자기 돌풍이 불었다. 아무리 훈련을 해도 바람은 통제할 수 없다. 그녀는 최선을 다해 활시위를 당겼고, 그 화살은 바람을 타고 정확히 중심에 꽂혔다. 경기가 끝난 뒤 그녀는 이렇게 말했다. "훈련은 내가 했지만, 바람은 하늘이 도왔다." 이 게 바로 운이다. 아무리 완벽하게 준비해도, 마지막 한 발은 인간의 손을 떠난다.

하지만 사람들은 이런 운의 존재를 쉽게 인정하지 않는다. 인간은 본능적으로 세상이 공정하다고 믿고 싶어 한다. 내가 열심히 노력했으면, 그에 걸맞은 보상을 받아야 한다고 생각한다. 그런데 그 믿음이 깨지는 순간, 좌절감이 찾아온다. 열심히 노력했는데 실패하면, 우리는 두 가지 선택을 한다. 세상을 원망하거나, 자신을 탓하거나. 둘 다 마음을 병들게 한다. 정신의학에서는 이를 통제의 환상(illusion of control)이라고 부른다. 내가 열심히 노력하면 결과를 완벽하게 통제할 수 있다는 착각이다.

문제는 현실에서 결과는 수많은 변수 중 하나라는 점이다. 내가 아무리 계획을 치밀하게 세워도, 예상치 못한 사건 하나가 모든 걸 바꿔버린다. 경제 위기, 갑작스러운 질병, 생각지도 못한 기회와 위기. 인생은 내가 통제할 수 없는 수많은 요인들로 얽혀 있다. 운의 존재를 인정하면 마음이 편해진다. 결과가 좋으면 '내가 잘해서가 아니라 운이 좋았구나.'라고 겸손해지고, 결과가 나쁘더라도 '운이 없었던 거지.' 라며 스스로를 덜 탓하게 된다. 실패가 내 존재 전체를 부정하는 사건이 아니라, 그저 확률 게임의 한 장면일 뿐이라고 생각하게 된다. 성공과 실패는 우리가 생각하는 것보다 훨씬 더 운에 의해 결정된다.

그렇다고 해서 노력은 필요 없다는 말은 아니다. 오히려 운의 존재를 인정할수록 준비의 중요성은 더 커진다. 고대 로마 철학자 세네카의 말처럼, "행운은 준비된 사람에게 찾아온다." 운은 하늘에서 떨어지지만, 그걸 잡을 준비는 내가 해야 한다. 여기서 중요한 건 집착을 내려놓고, 준비에만 집중하는 것이다. 결과는 내가 통제할 수 없다. 하지만 과정은 내 손에 있다. 내가 할 수 있는 영역에 집중하고, 결과는 내려놓는 것. 이 태도가 삶을 훨씬 가볍게 만든다.

예를 들어 보자. 로또에 당첨될 확률은 천문학적으로 낮다. 그런데도 사람들은 당첨을 꿈꾸며 매주 로또를 산다. 로또는 완전히 운의 영역이다. 하지만 공부, 일, 관계는 다르다. 운이 개입하더라도, 내가 준비한 만큼 결과가 달라진다. 화살이 바람에 흔들릴 수는 있지만, 내가 활을 당기는 힘이 강해야 바람을 뚫고 나갈 수 있다. 운이 좋을 때 기회를 잡으려면, 평소에 계속 활시위를 당기고 있어야 한다. 준비가 되어 있지 않으면, 아무리 좋은 바람이 불어도 기회는 그냥 스쳐 지나간다.

결국 성공은 내 몫만으로 이루어지지 않는다. 실패 또한 전부 내 잘못은 아니다. 노력과 결과 사이에는 어쩔 수 없는 간격이 있다. 그 간격이 바로 운의 자리다. 그 사실을 인정하면 마음이 훨씬 가벼워진다.

그러니 이렇게 마음속으로 다짐해보자. '나는 할 수 있는 만큼 최선을 다하겠다. 하지만 결과는 운명의 손에 맡기겠다.' 그렇게 생각하면 삶은 훨씬 부드러워진다. 열심히 살아도 무거운 짐이 아니라, 가벼운 여정을 즐기는 기분이 된다.

　삶은 원래 그렇게 설계되어 있다. 노력은 인간의 몫, 결과는 하늘의 몫이다. 우리는 우리 몫만 다 하면 된다. 나머지는 하늘에게 맡기자. 그러면 예상치 못한 행운이 찾아왔을 때, 우리는 그 바람을 타고 더 멀리 날아갈 수 있다. 결국 인생은, 내가 할 수 있는 것과 할 수 없는 것을 구분하고, 그 경계를 인정하는 데서 시작된다. 운을 받아들이자. 그것이야말로 삶을 가볍게 하고, 진짜로 즐길 수 있는 비결이다.

5

배고픔은 참아도 배 아픔은 못 참는다

'배고픈 건 참아도 배 아픈 건 못 참는다.' 아주 오래된 속담이지만, 여전히 유효하다. 이 말은 인간의 묘한 심리를 아주 정확하게 찌른다. 배고픔은 내가 직접 느끼는 고통이다. 하지만 배 아픔은 다르다. 옆 사람이 행복해할 때, 나도 모르게 속이 쓰라리고 꼬이는 감정이다. 그건 물리적인 통증이 아니라 마음의 통증, 즉 질투다.

살다 보면 이런 마음을 느낄 때가 많다. 친구가 시험에 합격했을 때, 직장 동료가 승진했을 때, SNS에서 누군가의 화려한 여행 사진을 봤을 때… 겉으로는 "와, 축하해!"라고 웃지만 속으로는 이렇게 생각한다. '아니, 왜 쟤만 잘 되지? 난 뭐지?' 표정 근육은 웃고 있지만 심장은 울고 있는 것이다.

이런 사람들은 결국 자기 자신을 괴롭히게 된다. 이유는 간단하다.

행복을 '제로섬 게임(zero-sum game)'처럼 생각하기 때문이다. 제로섬 게임은 포커판처럼 한 사람이 이기면 반드시 누군가가 져야 하는 구조다. 남의 몫이 곧 나의 손해인 게임. 하지만 현실의 행복은 그렇지 않다. 옆 사람이 행복해졌다고 해서 내 행복이 줄어들진 않는다. 오히려 가까운 사람이 잘 되면 내게도 좋은 일이 생길 확률이 높아진다. 친구가 승진하면 좋은 인맥이 늘어나고, 가족이 성공하면 그 혜택은 결국 나에게도 돌아온다. 그런데도 우리는 이상하게 남의 행복을 불행으로 번역해 버린다.

정신의학에서는 남의 불행에서 느끼는 은밀한 기쁨을 '샤덴프로이데(Schadenfreude)'라고 부른다. 반대도 있다. 남의 행복에서 느끼는 은밀한 짜증. 둘 다 인간이라면 피할 수 없는 감정이다. 문제는 그 감정이 습관이 될 때다. 자꾸만 남의 성공이 눈에 밟히고, 남의 행복이 내 불행처럼 느껴진다면, 그건 단순한 질투가 아니라 마음의 독소다. 이 독소는 생각보다 비싸다.

첫째, 사람을 잃는다. 남의 불행에서 즐거움을 얻는 사람 곁에 누가 남아 있을까? 언젠가 그 사실은 드러나게 마련이다. 결국 사람들은 그를 멀리하게 되고, 그는 고립된다. 세상에서 가장 값비싼 대가가 바로 외로움이다.

둘째, 자기 자신이 불행해진다. 미국의 사회심리학자 페스팅거(Festinger)는 「사회비교이론(social comparison theory), 1954」에서 이렇게 설명한다. '사람은 자신을 끊임없이 타인과 비교하며 행복과 불행을 결정한다.' 남의 성공을 나의 실패로 받아들이는 순간, 그 사람은 영원히 비교의 늪에 빠져 헤어나오지 못한다. 친구가 좋은 소식 전해올 때마다 배가 아프고, 세상 모든 일이 내 패배처럼 느껴지니 행복할 리가 없다.

하지만 시선을 조금만 바꾸면 세상이 달라진다. 가까운 친구가 성공했다면, 그 성공은 내게도 파도처럼 번져온다. 친구가 승진하면 좋은 정보와 기회가 나에게도 흘러들어온다. 친구가 사업에 성공하면 언젠가 내가 도움을 받을 수도 있다. 내가 응원한 사람의 성공이 곧 나의 자산이 되는 셈이다. 무엇보다 중요한 건, 진심으로 남을 축하할 줄 아는 사람이 결국 더 행복해진다는 사실이다.

하버드대 행복연구소에서 수십 년 동안 사람들의 삶을 추적한 결과, 행복한 사람들의 공통점은 의외로 간단했다. '타인의 행복에 진심으로 기뻐할 줄 아는 능력.' 행복한 사람은 주변 사람의 좋은 소식에 진심으로 웃는다. 그리고 그 기쁨은 전염성이 강하다. 마치 향기로운 꽃 냄새가 퍼지듯, 그 행복이 다시 자신에게 돌아온다.

현실의 행복을 경쟁처럼 바라보면, 남이 가진 걸 내가 가지지 못했을 때 손해 본 것처럼 느껴진다. 하지만 실제로 행복은 경쟁이 아니라 전염이다. 내가 누군가의 행복에 진심으로 웃어줄 때, 그 웃음은 결국 내 행복으로 되돌아온다.

그러니 이제는 남의 행복에 배 아파하지 말자. 배 아픈 마음은 결국 내 삶을 갉아먹는 독이다. 그 독을 해독하는 가장 확실한 방법은 단 하나, 축하하는 것이다. 마음속 질투가 올라올 때는 억지로라도 웃으며 말해보자. '와, 정말 잘됐다. 너의 성공이 내 마음도 기쁘게 한다.' 처음엔 어색할 수 있다. 하지만 그 한마디가 내 마음의 상처를 치유하고, 주변 사람들도 내 곁에 머물게 만든다. 진심으로 남을 축하할 때, 나 자신도 그 행복의 한가운데 서 있게 된다.

행복은 나 혼자 움켜쥔다고 커지지 않는다. 나누면 나눌수록 더 커진다. 이 단순한 진리를 깨닫는 순간, 우리는 비로소 배 아픈 삶에서 벗어나 진짜 행복한 삶으로 들어갈 수 있다. 이제 속이 쓰릴 일은 없다. 대신 마음이 따뜻하게 부풀어 오를 것이다. 남의 행복이 곧 내 행복이 되는 그 순간, 질투 대신 웃음이 피어난다.

6

행복의 절반은 유전, 절반은 선택

사람마다 행복을 느끼는 방식은 천차만별이다. 똑같은 음식을 먹었는데도 어떤 사람은 "와, 인생 맛집!" 하며 눈물을 글썽이고, 옆 사람은 "그냥 그렇네."라며 젓가락을 내려놓는다. 같은 영화를 보며 한쪽은 펑펑 우는데, 다른 쪽은 하품을 한다. 같은 월급을 받아도 누군가는 만족하며 소주 한잔에 행복해 하고, 다른 누군가는 늘 불만을 토로한다. 똑같은 조건, 똑같은 자극인데 왜 이렇게 반응이 다를까?

정답은 의외로 간단하다. 유전자때문이다. 정신의학자들은 오래 전부터 인간의 감정 반응이 타고난 유전과 얼마나 깊은 관련이 있는지 연구해왔다. 특히 '행복'이라는 감정은 환경보다 유전적 성향에 더 크게 영향을 받는다. 어떤 연구에서는 개인이 느끼는 행복감의 40~50%가 유전으로 설명된다고 한다. 「심리 과학(Psychological Science, 1996)」 연구에서 일란성 쌍둥이는 서로 다른 환경에서 자랐는데도 행복 수준이 놀랍도록 비슷했다. 반면 이란성 쌍둥이는 환경이 같아도 행복감이 크게 달랐다. 즉, 행복의 설계도는 이미 태어날 때부터 반쯤 완성되어 있다는 얘기다.

「영국 정신의학 저널(The British Journal of Psychiatry, 2011)」의 뉴질랜드 오타고 대학 연구에서는 '5-HTTLPR'이라는 유전자가 행복감과 관련이 있음을 밝혀냈다. 이 유전자는 세로토닌 수용체, 즉 '기분 조절 회로'와 연결되어 있다. 쉽게 말해, 어떤 사람은 타고날 때부터 '행복에 잘 반응하는 뇌'를 가지고 있고, 어떤 사람은 아무리 좋은 일이 있어도 세로토닌이 게으르게 반응한다는 것이다. 같은 상황인데도 어떤 사람은 커피 한 모금에 행복 호르몬이 폭발하고, 어떤 사람은 해외여행을 다녀와도 심드렁하다.

이 차이는 삶의 중요한 순간에도 드러난다. 우크라이나 전쟁과 같은 극단적인 상황을 떠올려 보자. 삶과 죽음이 공존하는 끔찍한 상황에서도 어떤 사람은 희망을 찾고 어떤 사람은 절망에 무너진다. 물론 기존에 가지고 있는 신념이나 가치관도 중요했겠지만, 그 반응의 일부는 타고난 정서적 내구성에서 비롯되었을 가능성이 크다. 같은 고통을 겪어도 어떤 뇌는 희망의 불씨를 꺼트리지 않고, 어떤 뇌는 쉽게 꺼져버린다.

이런 유전적 차이는 단지 고통을 견디는 능력에만 영향을 미치지 않는다. 일상의 소소한 즐거움을 감지하는 민감도에도 큰 차이를 만든다. 어떤 사람은 카페 라떼 한 잔에도 '이게 바로 삶의 행복이지!'라며 감사함을 느낀다. 반면 어떤 사람은 로또에 당첨돼도 '세금 떼고 나면 뭐 남냐…'라며 시큰둥하다. 이건 단순히 성격의 문제가 아니라, 감정을 담당하는 뇌의 회로 자체가 다르게 작동하기 때문이다.

물론 환경의 영향도 무시할 수 없다. 가난, 질병, 차별 같은 외부 조건은 누구에게나 힘든 요소다. 하지만 같은 상황 속에서도 어떤 사람은 여전히 미소를 짓고, 어떤 사람은 완전히 무너진다. 미국 심리학자 소냐 류보머스키(Sonja Lyubomirsky)는 이를 명확히 수치화했다. 행복의 50%는 유전, 10%는 환경, 그리고 나머지 40%는 의도적인 활동, 즉 우리가 스스로 하는 선택과 노력에서 나온다고 했다. 타고난 성향이 절반을 차지하지만, 여전히 절반 가까이는 우리가 바꿀 수 있다는 뜻이다.

요인	비율	설명
유전	50%	타고난 기질, 정서적 회로
환경	10%	소득, 직업, 사회적 조건 등 외부 요인
의도적 활동(노력)	40%	습관, 선택, 마음가짐 등 개인의 실천

소냐 류보머스키 연구

여기서 한 가지 불편한 진실이 있다. 행복은 애초에 공평하게 시작되지 않는다. 어떤 사람은 태어날 때부터 '행복에 유리한 카드'를 들고 시작하고, 어떤 사람은 아무리 자극을 줘도 반응하지 않는 뇌를 갖고 살아간다. 이 사실은 조금 억울하게 들릴 수 있다. 하지만 오히려 위로가 될 수도 있다. 내가 남들보다 쉽게 불안해지고, 같은 상황에서도 즐거움을 잘 못 느끼는 건 내 잘못이 아니라 그냥 뇌 회로가 그렇게 설계되었을 뿐이니까.

그렇다고 해서 '나는 유전자 탓이야.'라며 손 놓고 포기하라는 말은 아니다. 오히려 자신이 어떤 회로를 가지고 있는지를 알면 그에 맞는 사용설명서를 만들 수 있다. 예를 들어, 감정적으로 예민한 편이라면 운동이나 명상 같은 '마음 근육 키우기'를 자주 해야 한다. 남들은 가만히 있어도 마음이 튼튼하지만, 나는 매일 마음 헬스장을 다녀야 하는 셈이다. 누군가는 특별한 노력 없이도 하루를 가볍게 넘기지만, 어떤 사람은 조금만 방심해도 감정이 바닥까지 내려갈 수 있다.

행복을 좇는 시대다. SNS에는 여행, 명품, 화려한 파티 사진이 넘쳐나고, 사람들은 '나도 저렇게 행복해져야 해!'라며 끊임없이 달린다. 하지만 모두가 같은 속도로, 같은 방법으로 행복해질 수는 없다, 어떤 사람은 작은 손편지 하나에도 감농받고, 어떤 사람은 억대 연봉을 받아도 마음이 허전하다. 어떤 아이는 사탕 하나에 세상을 다 가진 듯

웃고, 어떤 어른은 꿈에 그리던 집을 사고도 공허하다. 행복은 조건의 문제가 아니라 반응의 문제다. 그리고 그 반응은 뇌에서, 그리고 유전에서 출발한다.

 이 불공평한 시작점은 불행의 이유가 아니라, 이해의 실마리가 된다. 행복의 설계도를 이해하면, 자신과 타인을 더 깊이 이해할 수 있다. '내가 이렇게 쉽게 우울해지는 건 성격 탓이 아니구나.' '저 사람은 정말 작은 일에도 행복을 느끼는 회로를 타고났구나.' 이렇게 깨닫는 순간, 비교는 줄고 자책은 사라진다. 행복은 누구에게나 같은 크기로 주어지지 않는다. 하지만 그 사실을 이해하는 것, 그것이 바로 행복으로 가는 첫걸음이다.

제9부

대충
완벽해지는 법

Good Enough Wins

완벽주의를 벗어나야
완벽해질 수 있다

대충 먼저 보고 가자

1. 대충은 게으름이 아니라, 중요하지 않은 데 힘 빼고 정말 중요한 데 집중하자는 전략이다.
2. 완벽주의는 자동화된 왜곡 생각과 행동의 악순환이므로 인지행동치료를 통해 생각을 재구성하고 행동을 바꾸면 된다.
3. '완벽하지 않으면 실패' 같은 인지 왜곡을 소크라테스식 질문으로 깨뜨려라. 흑백논리에서 벗어나 '적당히도 괜찮다'는 중간 지점을 반복 훈련하면 마음이 유연해진다.
4. 일부러 불완전함을 허용하며, 작은 실패를 경험해도 세상은 안 무너진다는 걸 몸으로 배우자.
5. 생명, 안전, 막대한 비용이 걸린 분야는 완벽주의를 '켜야' 하는 때다. 그 외 대부분은 '충분히 좋은 상태'를 목표로 하는 편이 더 효율적이다.
6. 완벽주의는 성실함·품질·신뢰를 높이지만 과하면 번아웃과 비효율을 부른다. 필요 순간에만 스위치를 켜는 '선택적 완벽주의'가 필요하다.
7. 완벽주의를 쫓아내기보다 룸메이트처럼 다루며 큰일엔 쓰고 작은 일엔 내려놓는 유연함을 길러라.

1

'대충 하자'의 진짜 의미

대충 하자고 하면 보통은 부정적인 반응이 먼저 나온다. 무책임하다거나, 성의 없다고 느끼는 사람이 많다. 하지만 여기서 말하는 대충은 게으르거나 아무렇게나 하자는 뜻이 아니다. 진짜 의미는 불필요한 곳에 에너지를 낭비하지 말고 중요한 곳에 집중하자는 것이다. 쉽게 말해 에너지와 시간을 효율적으로 쓰는 방법이다. 인생은 한정된 자원을 어떻게 나누어 쓰느냐가 결국 성과를 결정한다.

모든 일을 완벽하게 하려는 사람은 보기에는 성실해 보인다. 하지만 자세히 보면 중요한 순간에 힘을 다 써버려 남아 있지 않은 경우가 많다. 하루 종일 작은 업무에 매달려 세세하게 고치고 다듬느라 정작 중요한 일을 제대로 하지 못한다. 정신의학에서는 이런 현상을 '인지적 사원 고갈'이라고 부른다. 사람의 집중력과 의사결정 능력은 무한하지 않다. 아침부터 쓸데없는 일에 힘을 다 써버리면 오후에는 중요한 결정을 내릴 힘이 남지 않는다. 이건 의지나 끈기의 문제가 아니라 뇌의 구조적인 한계다.

진료실에서도 비슷한 사례를 자주 본다. 직장인 환자 중 한 명은 이메일 한 줄을 쓰는 데도 맞춤법, 문장 흐름, 표현을 몇 번이나 고쳤다. 동료들은 빨리 보내고 다음 일을 시작했지만, 그는 작은 문서 하나를 완벽하게 만들려고 몇 시간을 보냈다. 그러다 중요한 보고서 마감일이 다가오면 체력과 집중력은 이미 바닥이었다. 결과적으로 성과는 오히려 떨어졌다. 작은 완벽을 위해 큰 성공을 놓치는 전형적인 모습이다.

심리학자 배리 슈워츠는 '적정주의자'라는 개념을 말한다. 만족할 만한 수준에서 멈추는 사람들이다. 반대로 '극대화자'는 늘 최선 중의 최선을 찾으려고 한다. 연구에 따르면 '극대화자'는 더 많은 시간과 노력을 쓰지만, 결과에 덜 만족하고 스트레스도 많다. 완벽을 추구하는 것이 꼭 좋은 결과를 보장하지 않는다는 뜻이다. 정신의학 연구에서도 완벽주의 성향은 우울과 불안의 위험 요인으로 자주 등장한다. 특히 사회적으로 부과된 완벽주의, 즉 남의 기준에 맞추려고 하는 완벽주의는 정신 건강을 해치는 경향이 크다.

그렇다면 무엇을 대충 해야 할까. 결과에 큰 영향을 주지 않는 일,

반복 가능하거나 대체 가능한 일, 그리고 지나치게 많은 시간을 잡아 먹는 일이 여기에 해당한다. 이런 일에 완벽을 추구하면 에너지만 낭비된다. 하루 30분씩 문서 서식을 다듬느니 그 시간에 중요한 프로젝트나 사람과의 관계를 위해 쓰는 것이 낫다.

뇌는 집중 모드와 휴식 모드를 오가야 제 기능을 한다. 계속 집중만 하면 전전두엽이 피로해져 사고력과 판단력이 떨어진다. 이를 '의사결정 피로'라고 부른다. 정신의학에서는 중요한 일을 오래 유지하려면 불필요한 곳에 쓰는 에너지를 줄이는 것이 필수라고 본다. 특히 강박장애 환자나 완벽주의가 심한 사람들은 모든 일을 세세하게 처리하려는 습관 때문에 삶의 질이 급격히 떨어진다. 이런 경우 치료를 통해 완벽주의를 조절하는 것이 필요하다.

대충 한다는 건 게으름과 다르다. 중요한 건 '여기까지면 충분하다.'는 기준을 스스로 정하는 것이다. 마라톤 선수가 매일 전력 질주를 하면 금세 부상을 당하듯, 인생에서도 체력 관리는 필수다. 대충 할 건 대충 하고, 정말 중요한 순간에 힘을 쓰는 것이 장기적으로는 최고의 성과를 만든다. 작은 일까지 다 완벽하게 하다 보면 정작 인생의 결정적인 순간에 힘이 남아 있지 않다. 모든 걸 완벽히 하려는 사람은 늘 시간에 쫓기고 여유가 없다. 반면 전략적으로 대충 하는 사람은 여유가 있고, 중요한 순간에 폭발력을 발휘한다. 대충 하자는 건 무책임이 아니라 선택과 집중이다. 필요 없는 일에는 힘을 빼고, 진짜 중요한 일에 모든 역량을 투입하는 것. 그게 진짜 대충의 의미다.

2

완벽주의를 다루는 기술

완벽주의는 단순한 성격의 한 유형이 아니다. 오랫동안 몸에 밴 사고방식이자 행동 패턴이다. '완벽하지 않으면 실패다.'라는 믿음, '흠이 있으면 내 가치도 떨어진다.'는 두려움이 완벽주의의 핵심을 이루고 있다. 이런 생각은 대개 오랜 시간 동안 형성된 것이고, 본인도 모르는 사이에 자동으로 작동한다. 그래서 '마음 먹기'만으로는 잘 바뀌지 않는다. 새로운 삶을 살기 위해서는 이 깊이 새겨진 패턴을 의도적으로 교정해야 한다. 그 과정이 바로 '마음 훈련'이다.

완벽주의를 바꾸기 위한 마음 훈련의 핵심은 생각과 행동을 동시에 다루는 것이다. 생각만 바꾸고 행동을 그대로 두면 변화는 오래가지 않는다. 반대로 행동만 억지로 바꾸려 해도 머릿속의 완벽주의 필터가 계속 발동하면 금세 원래 상태로 돌아간다. 결국 뇌 속의 자동 반응을 재교육하는 과정이 필요하다. 이때 가장 널리 쓰이는 방법이 바로 '인지행동치료(Cognitive Behavioral Therapy, CBT)'다.

인지행동치료(이하 CBT)는 1960~1970년대 미국의 정신과 의사 아론 벡(Aaron T. Beck)과 심리학자 앨버트 엘리스(Albert Ellis)에 의해 확립된 치료법이다. 아론 벡은 우울증 환자들을 치료하던 중, 그들의 부정적인 감정이 단순히 환경 탓이 아니라 자동적이고 왜곡된 사고 패턴에서 비롯된다는 것을 발견했다. 예를 들어 시험에서 한 문제를 틀린 학생이 '나는 완전히 실패했어.'라고 생각한다면, 그 생각은 현실을 정확히 반영하지 않지만 감정과 행동을 지배하게 된다. 이런 왜곡된 사고를 찾아내고, 근거를 재검토하며, 더 유연하고 현실적인 생각으로 바꾸는 과정이 CBT의 핵심이다.

엘리스는 이를 보다 구조화해 '합리정서행동치료[17]'라는 형태로 발전시켰고, 이후 수많은 연구를 통해 CBT는 우울증, 불안장애, 강박장애, PTSD, 그리고 완벽주의 치료에까지 폭넓게 적용되고 있다. 「행동 연구와 치료(Behaviour Research and Therapy, 2017)」에 발표된 메타분석 연구에 따르면, CBT는 완벽주의 성향을 유의미하게 낮추고, 불안과 우울 증상을 동시에 줄이는 효과가 있었다.

---

17 인간의 정서와 행동이 비합리적인 신념에 의해 결정된다는 점에 기반하여, 자신의 비합리적 신념을 인식하고 합리적인 신념으로 대체하도록 돕는 치료법

CBT는 생각(thought), 감정(emotion), 행동(behavior)이 서로 영향을 주고받는 '인지 모델'에 기반한다. 완벽주의자는 '이 정도로는 부족하다.'는 생각이 들면 불안이 커지고, 불안을 줄이기 위해 계속 수정, 검토, 다시 시도하는 행동을 반복한다. 문제는 이런 행동이 단기적으로는 안심을 주지만, 장기적으로는 완벽주의 회로를 더 강화한다는 점이다. 마음 훈련은 바로 이 악순환을 끊는 데 초점을 둔다.

진료 현장에서 만난 한 환자는 회사 보고서를 쓸 때마다 문장을 10번 이상 고쳤다. 상사가 칭찬을 해도 '아직 부족하다.'는 생각이 먼저 들었다. CBT 세션에서 그와 함께 '충분히 괜찮은 수준'을 정의하고, 수정 횟수를 절반으로 줄이는 행동 실험을 했다. 처음엔 불안이 컸지만, 몇 주 후 그는 업무 효율이 높아지고 퇴근 시간이 빨라졌다고 말했다. 불안이 사라진 건 아니었지만, '완벽하지 않아도 된다.'는 새로운 경험이 그의 뇌에 각인되기 시작한 것이다.

CBT는 크게 두 단계로 진행된다.

첫째, 사고 교정이다. 완벽주의자가 자주 하는 인지 왜곡, 예를 들어 '이분법적 사고(모 아니면 도)', '과도한 일반화', '재앙화'를 인식하고, 그 생각의 근거를 검토하며 다른 해석 가능성을 찾는다.

둘째, 행동 실험이다. 일부러 '불완전한 행동'을 해보고, 예상한 최악의 결과가 실제로 일어나는지 확인한다. 예를 들어 발표 자료의 글꼴을 통일하지 않고 발표를 해보거나, 메일을 세 번이 아니라 한 번만 검토하고 발송하는 식이다.

완벽주의를 넘어서기 위한 마음 훈련은 단순히 '덜 열심히 하자.'는 게 아니다. 오히려 에너지를 더 중요한 일과 가치 있는 목표에 집중할 수 있게 해준다. 뇌과학적으로도 이는 의미가 있다. 「정신의학 연구 저널(Journal of Psychiatric Research, 2020)」에 실린 연구에 따르면, 완벽주의 성향이 강한 사람은 전전두엽(prefrontal cortex)과 편도체(amygdala) 간의 연결성이 높아 불안 반응이 쉽게 촉발된다. CBT 훈련은 전전두엽의 인지 조절 기능을 강화해 불필요한 불안 회로를 약화시키는 것으로 나타났다.

완벽주의를 교정하기 위한 CBT의 이론과 틀을 살펴봤다. 완벽주의는 하루아침에 무너뜨릴 수 없다. 하지만 방향을 바꾸는 순간, 이미 변화는 시작된 것이다.

3

생각을 바꿔 보자

　완벽주의에서 벗어나기 위한 첫걸음은 생각을 바꾸는 훈련이다. 우리는 흔히 마음을 고쳐먹으면 된다고 말하지만, 실제로는 마음이라는 게 그렇게 쉽게 변하지 않는다. 생각도 습관이기 때문이다. 오랜 세월 같은 패턴으로 생각해 왔다면, 그것은 뇌 속에 깊이 새겨진 길처럼 굳어져 있다. 새로운 길을 만들려면 오래 걸린다. 그렇다고 해서 불가능한 일은 아니다. 매일 조금씩 새로운 길을 걸으면 결국 그 길이 넓어지고, 예전 길은 점점 사라진다. 완벽주의를 내려놓는 것도 같은 원리다.

　첫 번째로 해야 할 일은 내가 어떤 생각 때문에 완벽주의에 빠지는지 알아내는 것이다. '이번에도 완벽하지 않으면 안 돼.', '한 번의 실수는 곧 실패야.', '사람들에게 흠잡히면 끝장이야.' 이런 생각들이 반복되면 스스로를 옥죄게 된다. 이치럼 현실과 맞지 않는 왜곡된 생각을 '인지 왜곡'이라고 부른다. 완벽주의는 사실 이 인지 왜곡의 한 형태다.

인지 왜곡을 교정하는 데 유용한 방법 중 하나가 소크라테스식 문답법이다. 고대 철학자 소크라테스가 사용했던 방식으로, 스스로에게 계속 질문을 던지는 것이다. 예를 들어, 누군가 '나는 이 프로젝트를 완벽하게 해내야 해.'라고 생각한다면, 여기서 멈추지 말고 자신에게 물어봐야 한다.

'정말 완벽하게 하지 않으면 큰일 날까?'
'이 프로젝트 말고도 중요한 일은 없나?'
'적당한 완성도로 마무리하면 어떤 일이 벌어질까?'

이런 질문을 스스로에게 던지고, 그 대답을 진지하게 곱씹어 보는 것이다. 그러다 보면 '사실 완벽하지 않아도 큰 문제는 없겠네.', '이 일에 시간을 다 쓰면 다른 중요한 일을 못하지.'라는 현실적인 생각으로 바뀔 수 있다.

한 직장인은 항상 보고서를 완벽하게 쓰려고 늦게까지 야근했다. 문장 하나하나를 고치고, 표 하나의 색상까지 집착했다. 그에게 소크라테스식 질문을 던져보았다. "상사가 정말 색상 때문에 당신을 평가할까요?" 그는 잠시 멈추더니 웃었다. "생각해 보니 아니네요. 사실 내용만 맞으면 되는데 제가 괜히 집착했네요." 이 깨달음이 작은 변화의 시작이었다. 그 후 그는 '완벽한 보고서' 대신 '전달이 잘 되는 보고서'를 목표로 삼았다. 결과는 더 좋았다. 보고서가 빨리 끝나니 여유가 생기고, 상사도 오히려 효율적이라고 칭찬했다.

한 대학생은 시험 때마다 벼락치기를 하면서도 모든 교재를 완벽히 이해해야 한다는 강박에 시달렸다. 그는 늘 새벽까지 공부했지만, 시험이 끝나면 탈진했다. 상담에서 "시험에서 모든 내용을 다 알아야 하나요?"라는 질문을 받았다. 학생은 처음엔 "네, 다 알아야죠."라고 답했지만, 다시 묻자 "사실 교수님은 주요 개념만 물으세요."라고 고백했다. 완벽해야 한다는 믿음이 사실과 다르다는 걸 깨달은 순간, 그는 공부 방식도 바꾸었다. 모든 걸 다 외우려는 대신, 중요한 개념을 중심으로 공부했다. 성적은 오히려 올랐다.

완벽주의적 생각을 교정하는 방법을 실제 예시로 정리해 보자.

1. 나는 실수하면 끝장이야
질문: 정말 한 번의 실수로 모든 게 끝나나?
대답: 아니, 대부분 사람들은 실수를 이해해 준다.

2. 나는 이 일을 최고 수준으로 해내야 해
질문: 최고 수준이라는 건 누가 정하나?
대답: 사실 기준은 상대적이다. 내가 생각하는 최고가 남에게는 사

소할 수 있다.

3. 사람들이 날 무능하다고 생각하면 안 돼

질문: 모든 사람이 나를 유능하다고 생각할 수 있을까?

대답: 불가능하다. 누군가는 비판하고, 누군가는 인정한다. 중요한 건 내 성실함이지.

생각을 바꾸는 훈련은 완벽주의를 없애려는 것이 아니다. 완벽주의를 '조금 더 유연하게 만드는 것'이다. '완벽해야 한다.'라는 흑백논리에서 벗어나 '충분히 괜찮으면 된다.'라는 중간 지점을 찾는 것이다. 여기서 중요한 건 반복이다. 하루 아침에 생각이 바뀌지 않는다. 오늘은 '그래, 완벽하지 않아도 돼.'라고 생각하다가 내일은 다시 '그래도 완벽해야지.'라는 마음이 올라올 수 있다. 이건 실패가 아니다. 원래 뇌는 익숙한 길을 더 편하게 여긴다. 새로운 길을 만들려면 수없이 걸어야 한다.

완벽주의적 생각을 바꾸는 훈련은 단순히 '마음을 편하게 먹어라.'가 아니다. 그것은 스스로의 생각을 붙잡아 두고, 질문을 던지고, 다시 바라보는 과정이다. 수없이 반복되는 작은 훈련이 모여 새로운 길을 만든다. 처음엔 어색해도, 어느 순간 '예전 같으면 완벽을 고집했을 텐데, 지금은 적당히도 괜찮다고 생각하네.'라는 변화를 느낄 것이다. 완벽주의를 없애는 게 아니라, 완벽주의와 새로운 관계를 맺는 것이다. 이 과정이야말로 진짜 자유로 가는 첫걸음이다.

4

덜 완벽하게 행동하는 훈련

생각을 바꾸는 것이 출발점이라면, 행동을 바꾸는 것은 완벽주의를 진짜로 극복하는 과정이다. 머릿속에서 '대충 해도 괜찮아.'라고 다짐만 하고 실제 행동은 예전처럼 한다면 변화는 일어나지 않는다. 완벽주의는 오랜 시간에 걸쳐 습관화된 행동 패턴이다. 그래서 이 패턴을 의식적으로 수정하는 훈련이 필요하다. 행동 훈련은 크게 세 가지 방향에서 진행할 수 있다.

첫째, 완벽주의적 행동을 줄이는 것.
둘째, 일부러 '불완전함'을 허용하는 경험을 만드는 것.
셋째, 새로운 행동 패턴을 반복해서 강화하는 것.

1. '해야 한다.' 행동 줄이기

완벽주의자는 늘 '해야 한다.'는 압박에 시달린다. 글을 쓰더라도 끝없이 퇴고를 하고, 발표 준비를 하더라도 몇 날 며칠을 수정한다. 행동 훈련의 첫 단계는 '해야 한다.' 행동을 의식적으로 줄이는 것이다. 예를 들어, 보고서를 작성할 때 10번 수정하던 습관을 5번으로 줄여 본다. 대학원생 A는 학술지 논문 초안을 지도교수에게 보내기 전 최소 30번은 수정해야 마음이 편했다. 하지만 인지행동치료의 일환으로 '수정 횟수 제한하기'를 실습했다. 스스로 5번까지만 수정하기로 정하고, 그 이후에는 제출하는 규칙을 세운 것이다. 처음에는 불안했지만 점차 '5번 수정으로도 충분하다.'는 경험을 쌓게 되었고, 실제 논문 게재율에도 큰 차이가 없었다.

2. 일부러 불완전함 허용하기

행동 훈련에서 가장 강력한 기법 중 하나는 '의도적 불완전 과제'다. 일부러 완벽하지 않게 행동해 보는 것이다. 예를 들어, 맞춤법이 조금 틀린 이메일을 보내본다. PPT 발표 자료에 디자인이 조금 허술한 부분을 남겨둔다. 완벽주의자는 이런 행동만으로도 큰 불안을 느낀다. 그러나 중요한 것은 그 불안을 견디는 경험이다. 시간이 지나면 '세상이 무너지지 않는다.'는 사실을 배우게 된다. 정신의학에서는 이를 '노출 훈련(Exposure)'이라고 부른다. 불안장애 치료에서 쓰이는 기법인데, 완벽주의에도 똑같이 적용할 수 있다. 실제로 특정 연구에서도, 완벽주의적 행동을 줄이고 의도적 불완전을 연습한 집단에서 불안과 스트레스가 감소했다는 결과가 보고되었다.

3. 시간 제한하기

완벽주의자는 한 가지 일에 지나치게 많은 시간을 투자한다. 행동을 바꾸기 위해서는 시간 제한을 두는 방법이 효과적이다. 예를 들어, '이 글은 2시간 안에 완성한다.'라고 정해두고 알람을 맞춘다. 시간 안에 끝내야 하므로 불필요한 집착을 줄이게 된다. 한 직장인 B의 사례를 보자. 그는 프레젠테이션 한 장을 만드는 데도 1시간씩 들였다. 행동 교정 훈련으로 '슬라이드 한 장당 15분'이라는 제한을 두었다. 처음에는 허술해 보일까 두려웠지만, 결과적으로 전체 발표의 흐름은 더 좋아졌고, 시간도 크게 절약할 수 있었다.

4. 작은 실패 경험 쌓기

완벽주의자는 실패를 지나치게 두려워한다. 그래서 오히려 더 실패에 취약하다. 행동 훈련의 중요한 요소는 '작은 실패'를 경험하면서 '실패해도 괜찮다'는 감각을 익히는 것이다. 예를 들어, 일부러 실수할 가능성이 있는 상황을 만들어본다. 회의에서 의견을 완벽하게 정리하지 않고 바로 말해본다. 일상 대화에서 준비하지 않은 농담을 던져본다. 이런 작은 실패는 사실 크게 문제 되지 않는다. 오히려 타인과의 관계를 더 자연스럽게 만든다. 환자들 역시 이런 경험을 통해 완벽주의의 굴레에서 벗어나기 시작한다.

5. 보상과 강화

행동 변화에는 강화가 필요하다. 완벽주의적 행동을 줄이고 불완전함을 허용했을 때, 스스로에게 보상을 주는 것이다. 작은 선물, 맛있는 음식, 휴식 시간이 될 수 있다. 뇌는 긍정적인 경험과 행동을 연결하면서 점차 새로운 습관을 강화한다. 예를 들어, 직장인 C는 이메일을 완벽하게 쓰느라 매일 1시간을 허비했다. 행동 훈련으로 '5분 안에 쓰기'를 실습한 뒤, 성공했을 때마다 좋아하는 카페에 가서 커피를 마셨다. 3개월 후 그는 이메일 작성 시간을 70% 줄였다.

6. 행동 실험 기법

인지행동치료에서 자주 쓰이는 방법이 '행동 실험(Behavioral Experiment)'이다. 잘못된 생각을 행동으로 검증하는 것이다. 완벽주의자는 '이 일을 완벽하게 하지 않으면 큰일 난다.'고 믿는다. 그렇다면 실제로 '덜 완벽하게' 행동해보고 결과를 확인하는 것이다. 예를 들어, '보고서를 완벽하게 쓰지 않으면 상사에게 크게 혼난다.'라는 믿음을 가진 직장인 D가 있었다. 그는 일부러 '70% 수준'의 보고서를 제출했다. 결과는 예상과 달랐다. 상사는 핵심만 잘 전달되면 된다며 오히려 효율적이라고 칭찬했다. 이렇게 행동 실험을 통해 '내 믿음은 사실이 아니다.'라는 교정을 체험할 수 있다.

완벽주의는 생각에서 시작해 행동으로 굳어진다. 그래서 행동을 바꾸는 훈련 없이는 완벽주의를 극복할 수 없다. 완벽하지 않게 행동해 보는 것, 시간과 에너지를 제한하는 것, 작은 실패를 경험하는 것. 이런 반복이 쌓여야 비로소 완벽주의는 힘을 잃는다. 완벽주의를 버리는 것이 아니라, 적당히 다루는 법을 배우는 것이다. 행동 훈련은 불안하고 불편하다. 그러나 그 불편을 견디는 힘이 커질수록 삶은 훨씬 자유로워진다.

5

미켈란젤로의 책임감

완벽주의는 늘 나쁜 것만은 아니다. 대부분의 경우 완벽주의는 에너지를 과도하게 소모하게 만들고, 사소한 것에 매달리게 해 효율을 떨어뜨린다. 하지만 어떤 순간에는, 이 성향이야말로 최고의 무기가 된다. 그 순간은 '실수가 허용되지 않는 순간'이다. 그렇다면 문제는 하나다. 언제 완벽주의를 켜야 하고, 언제 꺼야 하는가?

예를 들어보자. 외과 의사가 심장 수술을 한다고 하자. 피 한 방울, 실 한 땀, 절개 각도 하나까지 정확해야 한다. 여기서 '이 정도면 됐겠지.'라는 생각은 곧 치명적인 합병증이나 사망으로 이어질 수 있다. 수술실에서는 완벽주의가 생명을 지킨다. 세계적인 의학 학술지 「뉴잉글랜드 외학 저널(New England Journal of Medicine, 2010)」에 실린 연구에 따르면, 수술 전후 체크리스트를 철저히 사용한 병원은 합병증과 사망률이 확연히 줄었다. 사람 목숨이 걸린 현장에서 완벽주의는 그 자체로 '안전 장치'다.

비슷한 예로 항공기 조종사가 있다. 비행 전 점검 항목은 수십 가지가 넘는다. 기체 외부의 볼트 하나, 유압계의 수치 하나도 빠뜨리지 않는다. 한 번의 실수가 수백 명의 생명과 직결되기 때문이다. 그래서 항공 분야에서는 '대충'이라는 단어 자체가 없다. 여기서 완벽주의는 선택이 아니라 의무다. 원자력 발전소도 마찬가지다. 원자로의 냉각수 압력 수치가 0.1만 어긋나도 문제가 생길 수 있다. 이 분야에서 '적당히'라는 말은 재앙의 시작이다. 실패 한 번이 수십 년간의 피해를 남기기 때문이다.

예술의 세계에서도 완벽주의는 빛난다. 바이올리니스트가 무대에서 단 하나의 음이라도 불안정하게 연주하면, 청중의 몰입이 깨진다. 마리아 칼라스가 평생 무대에서 '단 하나의 음'까지도 집착한 이유가 여기에 있다. 건축가도 마찬가지다. 설계에서 1cm의 오차는 완공 후 수백 배의 비용과 안전 문제로 돌아올 수 있다. 이럴 땐 완벽주의가 '품질'이자 '안전'이다.

미켈란젤로가 시스티나 성당 천장을 그릴 때의 일화는 유명하다. 작품이 거의 완성되었을 때, 한 제자가 물었다. "이 정도면 완벽한데, 왜 또 수정하십니까?" 그는 대답했다. "하느님은 보고 계시니까." 그에게 완벽주의는 단순한 고집이 아니라, '작품에 대한 책임감'이었다.

또 다른 영역은 위기 상황에서의 의사결정이다. 신약 임상시험을 생각해보자. 예상치 못한 부작용이 나타났을 때, 연구팀은 모든 데이터를 샅샅이 검토한다. 0.1%의 가능성이라도 환자에게 피해를 줄 수 있다면 무시할 수 없다. 이럴 때 완벽주의는 '시간 낭비'가 아니라 '리스크 관리'다.

하지만 완벽주의는 항상 켜져 있어서는 안 된다. 마치 특수 무기처럼, 꼭 필요한 순간에만 꺼내야 한다. 의사도 모든 진료에서 완벽을 추구하지 않는다. 응급실에서는 '완벽'보다 '신속'이 중요한 순간이 있다. 예술가도 마찬가지다. 마감 직전에 모든 디테일을 고집하다가 발표조차 못 하는 경우, 그 완벽주의는 독이 된다. 실제로 완벽주의가 가치 있는 순간은 몇 가지 조건을 만족한다.

첫째, 실수가 심각한 위험이나 손실로 이어질 때
둘째, 결과물이 장기간 사용되거나 기록으로 남을 때
셋째, 수정이 거의 불가능하거나 비용이 큰 경우

이 세 가지가 모두 해당되면 완벽주의를 발휘하는 것이 오히려 효율적이다. 그 외의 경우엔 '적당히 좋은 상태'를 목표로 하는 편이 훨씬

낫다. 문제는 많은 사람들이 이 구분을 못한다는 것이다. 그래서 회의 자료 하나 만들 때도, 보고서 문장 하나를 고치느라 밤을 새운다. 정작 중요한 회의에서 발표할 힘이 남아 있지 않다. 이건 좋은 완벽주의가 아니라 '에너지 낭비'다.

정신건강의학과 진료 현장에서도 이런 모습을 자주 목격한다. 환자 중에는 업무의 비중과 상관없이 모든 일을 최고 수준으로 하려다, 우울증과 불안을 호소하는 경우가 많다. 결국 핵심은 선택이다. 완벽주의를 켜야 할 때와 꺼야 할 때를 구분하는 능력. 중요하지 않은 일에서는 '충분히 괜찮음(good enough)'을 목표로 하고, 중요한 순간에만 최고의 집중력을 발휘하는 것이다.

다음은 완벽주의를 써야 하는 순간을 판단할 수 있는 간단한 체크리스트다.

실수가 심각한 위험이나 손실로 이어질 수 있는가?
(의료, 항공, 원자력 등) ☐

결과물이 장기간 사용되거나 기록으로 남는가?
(출판물, 건축물, 역사적 기록 등) ☐

수정이 거의 불가능하거나 비용이 매우 큰가?
(대규모 행사, 양산 제품 설계 등) ☐

작은 차이가 결과 품질을 극적으로 바꾸는가?(정밀 예술, 과학 실험 등)
목표를 달성해도 만족하지 못하고 부족한 점만 보인다. ☐

여러 사람의 안전과 생명에 직결되는가? ☐

이 조건에 해당하지 않는다면, 완벽주의는 내려놓는 것이 낫다. 대부분의 일은 '적당히'가 가장 효율적이다. 완벽주의는 항상 켜두는 성향이 아니라, 필요할 때만 쓰는 전략적 선택이어야 한다.

6

때로는 완벽, 때로는 대충

완벽주의라고 하면 보통은 '힘든 성격'이라는 이미지가 먼저 떠오른다. 주변 사람을 피곤하게 만들고, 본인도 지쳐 쓰러질 것 같은 성향. 하지만 사실 완벽주의는 양날의 검이다. 잘만 다루면 강력한 무기가 되고, 잘못 다루면 자신을 베는 흉기가 된다.

완벽주의자의 첫 번째 장점은 바로 성실함이다. 이들은 주어진 일을 중간에 던져두지 않는다. 끝까지 붙잡고 늘어지며, 마감 기한을 어기는 법이 거의 없다. 회사에서 "누가 이 일 맡을래?"라고 물으면 대부분의 사람들은 슬쩍 뒤로 물러서지만, 완벽주의자는 오히려 앞으로 한 발 내디딘다. 왜냐하면 스스로 만족할 때까지 결과물을 다듬어야 직성이 풀리기 때문이다. 이런 끈기와 집착은 때로는 엄청난 신뢰를 만든다. 함께 일하는 동료들은 '저 사람에게 맡기면 최소한 엉망은 아니겠다.'라는 믿음을 갖게 된다.

특히 실수가 치명적인 분야에서는 완벽주의가 없어서는 안 될 미덕이다. 의료, 항공, 건축, 법률, 과학 연구 등에서는 작은 실수 하나가 엄청난 사고로 이어질 수 있다. 수술실에서 집도의가 한 단계씩 체크리스트를 꼼꼼히 확인하는 모습은 단순히 꼼꼼한 성격에서 나오는 행동이 아니다. 그것은 환자의 생명을 지키는 마지막 방어선이다. 만약 비행기 조종사가 '대충 날아도 되겠지.'라는 마음으로 비행한다면 어떨까? 상상만 해도 등골이 서늘하다. 이런 상황일수록 완벽주의자가 조종간을 잡고 있어야 우리 마음이 편하다. "그 사람이라면 체크리스트를 세 번은 확인했을 걸." 이 믿음이 곧 안전을 만든다.

또 완벽주의자는 세부사항에 강하다. 남들은 '그 정도면 됐지 뭐.' 하고 지나치는 작은 오류나 결함을 절대 그냥 넘기지 않는다. 제품 설계에서 보이지 않는 미세한 균열을 발견하거나, 법률 문서에서 한 글자 틀린 문장을 찾아내는 것도 이들의 능력이다. 소프트웨어 개발팀에 완벽주의자가 있으면 버그가 급격히 줄어들고, 연구 논문을 완벽주의자가 책임지고 쓰면 학회 심사에서 교수님들의 칭찬이 쏟아진다. 고객과 동료들은 이런 결과물을 보며 말한다. '이건 믿을 수 있는 결과물이다.' 결국 완벽주의자의 집착은 신뢰라는 보상으로 돌아온다.

심리학 연구에서도 이런 결과를 뒷받침한다. 적당한 수준의 완벽주의는 업무 성과와 긍정적인 상관관계가 있다고 한다. 물론 지나치면 문제가 된다. 모든 걸 완벽하게 하려다 시간만 잡아먹고, 결국 번아웃에 빠지게 된다. 하지만 일정 수준의 완벽주의는 오히려 동기부여가 되고, 결과의 품질을 높인다. 특히 프로젝트의 초기 기획 단계나 오류 검증 단계에서는 완벽주의자가 팀의 '품질 보증서' 역할을 한다. 그들이 잡아낸 작은 문제 하나가 훗날 큰 사고를 막는다.

그리고 완벽주의자는 계획 세우기의 달인이다. 목표를 세분화하고, 과정마다 체크리스트를 작성하며, 예상치 못한 문제가 생기면 즉시 수정한다. 한마디로 인간 버전의 프로젝트 관리 시스템이다. 이 과정에서 동료들이 실수할 가능성도 함께 줄어든다. 팀원들이 "아, 그거 깜빡했네요."라고 말할 때, 완벽주의자는 이미 세 번째 체크에서 그 문제를 발견하고 해결했을 확률이 높다. 조직에서 이런 사람은 '마지막 보루'로 불린다. "저 사람이 있으면 적어도 망하진 않아." 이 말은 최고의 찬사다.

물론 완벽주의가 항상 좋은 건 아니다. 모든 걸 완벽하게 하려는 집착은 결국 자신을 소진시킨다. 마치 마라톤을 전력 질주로 뛰다 쓰러지는 것과 같다. 하지만 중요한 순간에만 완벽주의를 발휘한다면 이야기는 달라진다. 반드시 완벽해야 하는 결정적인 순간에만 '스위치'를 켜는 것이다. 그럴 수 있는 완벽주의자는 최고의 성과를 내는 비장의 카드가 된다.

결국 완벽주의는 버려야 할 성향이 아니라, 다스려야 할 성향이다. 칼이 위험하다고 해서 칼을 없애지는 않는다. 대신 제대로 된 칼집에 넣고, 필요할 때 꺼내 쓰는 법을 배운다. 완벽주의도 마찬가지다. 내 마음속 칼집에 넣어두고, 꼭 필요한 순간에만 꺼내 쓴다면 그것은 더 이상 족쇄가 아니라 인생을 지켜주는 가장 정밀한 도구가 된다.

한마디로 이렇게 정리할 수 있다. '완벽주의는 쓰임새를 알면 약, 모르면 독.' 중요한 건 그 약을 언제, 어떻게, 얼마나 써야 하는지를 아는 것이다. 그게 바로 완벽주의를 진짜 내 편으로 만드는 비결이다.

7

완벽주의와 함께 살아가기

완벽주의와 함께 살아간다는 건, 마치 까다로운 룸메이트와 한 집에서 지내는 것과 비슷하다. 이 룸메이트는 청소를 미친 듯이 하고, 빨래를 색깔별로 완벽하게 분류하고, 심지어 휴지 심지의 방향까지 간섭한다. 그러다 보니 마음에 안 드는 점도 많고, 때로는 나를 숨 막히게 한다. 하지만 그렇다고 완전히 내쫓을 수는 없다. 왜냐하면 이 까다로운 룸메이트가 없었다면, 집은 엉망이 되고 나는 게으름의 바다에 빠져 살았을지도 모르기 때문이다.

결국 선택지는 하나뿐이다. 이 완벽주의라는 룸메이트와 평화협정을 맺는 것이다. 서로의 영역을 존중하고, 필요한 순간에는 의지하며, 가끔은 그 완벽주의의 잔소리를 흘려듣는 법을 배우는 것. "그래, 네 말도 맞아. 근데 오늘은 그냥 이대로 살자." 하고 웃어넘길 수 있다면, 관계는 훨씬 편안해진다. 완벽주의는 내 일부이고, 나는 그 일부와 함께 살아가야 하기 때문이다.

완벽주의는 때때로 나를 지치게 만든다. 작은 실수 하나에도 온종일 마음이 무겁고, 밤새 보고서를 수정하다 결국 기한을 놓치기도 한다. 그러나 한편으로는 그 덕분에 내가 세심해지고 책임감 있는 사람이 된 것도 사실이다. 중요한 건 이 성향을 언제, 어디에 쓸지를 내가 선택하는 것이다. 마치 자동차의 터보 버튼처럼 말이다. 중요한 무대, 즉 결정적인 순간에는 그 완벽주의의 힘을 최대치로 발휘한다. 그러나 일상에서 작은 일에까지 터보를 계속 켜고 달린다면, 엔진은 금세 고장 나고 만다.

내가 선택할 수 있는 힘은 바로 '유연함'이다. 큰 그림에서는 완벽을 추구하되, 작은 그림에서는 내려놓는 법을 배우는 것. 예를 들어, 집안 청소를 할 때는 먼지 한 톨 없이 깨끗하게 하는 대신, "이 정도면 사람 불러도 부끄럽지 않다." 수준에서 멈추는 것이다. 직장에서 발표 자료를 준비할 때도 마찬가지다. 모든 단어를 다듬느라 밤을 새우기보다는, 전달력이 살아 있다면 조금의 실수는 그냥 두는 용기가 필요하다. 이렇게 균형을 잡으면 완벽주의는 더 이상 내 발목을 잡는 족쇄가 아니다. 오히려 나를 보호하는 방패가 된다. 실수하지 않으려는 그 집착은 위기 상황에서 나를 단단하게 지켜주는 힘이 된다. 완벽주의가 전혀 없는 사람보다, 완벽주의를 적절히 다스리는 사람이 더 높은 성취를 이루는 이유가 여기에 있다.

살다 보면 모든 것이 완벽해 보이는 순간은 없다. 완벽을 향해 달리다 보면 늘 부족함만 보인다. 하지만 그 완벽하지 않은 순간 속에서 웃고, 배우고, 조금씩 나아갈 수 있다면, 우리는 이미 '충분히' 잘 살고 있는 것이다. 오히려 완벽하려고 발버둥 칠 때보다 덜 완벽한 지금이 더 인간적이고, 더 따뜻하다. 생각해 보면 완벽이라는 단어는 차갑다. 차가운 유리처럼 깨지기 쉽고, 쉽게 상처를 남긴다. 반면 덜 완벽함 속에는 유연함과 온기가 있다.

조금 덜 완벽해도 괜찮다. 아니, 어쩌면 그 '덜함'이야말로 삶을 더 완전하게 만드는 마지막 퍼즐일지 모른다. 예를 들어 요리할 때 소금을 조금 덜 넣는 실수 덕분에 건강을 챙길 수도 있고, 여행에서 길을 잘못 들어 뜻밖의 아름다운 풍경을 만날 수도 있다. 불완전함은 늘 예상치 못한 선물을 가져온다.

그러니 오늘 하루, 당신의 완벽주의를 잠시 내려놓아 보자. 빨래가 덜 개켜져 있어도, 책상이 조금 어질러져 있어도, 보고서에 작은 오타 하나쯤 있어도 괜찮다. 완벽하지 않아도 세상은 잘 돌아간다. 오히려 그 작은 불완전함 속에서 인생의 재미와 여유가 피어난다. 주변을 천천히 둘러보면, 당신 곁에는 이미 완벽하지 않지만 충분히 아름다운 것들이 가득하다. 그 사실을 발견하는 순간, 완벽주의라는 까다로운 룸메이트도 조용히 미소 지을지 모른다.

완벽을 버리려 애쓰기보다는, 완벽주의와 함께 춤추는 법을 배우자. 그 춤이 조금 어설퍼도 괜찮다. 중요한 건 리듬을 잃지 않는 것이다. 완벽하지 않아도, 당신의 삶은 이미 충분히 빛나고 있다.

에필로그

우리는 너무 오랫동안 완벽이라는 신기루를 좇아왔다. 더 잘해야 한다는 압박, 더 완벽해야 한다는 강박 속에서, 우리 마음은 늘 지쳐 있었다. 하지만 책을 쓰면서, 그리고 수많은 환자들과 마주하면서 나는 확신하게 되었다. 완벽은 어디에도 없다는 것을. 우리가 붙잡을 수 있는 건 그저 지금 이 순간의 '충분히 괜찮은 나'뿐이라는 것을.

완벽주의는 인생을 단단하게 만드는 듯 보이지만, 사실은 우리를 서서히 부서뜨린다. 작은 흠집 하나에 마음이 무너지고, 실수 하나에 자신을 탓하며, 남과 비교하며 스스로를 가두게 만든다. 그 과정에서 우리는 자신을 잃고, 행복을 잃는다.

그러나 그 완벽주의와 싸우려 하지 말자. 완벽주의는 결코 완전히 사라지지 않는다. 마치 까다로운 룸메이트처럼, 때로는 불편하고 때로는 도움이 되기도 한다. 중요한 건 그 완벽주의와 새로운 관계를 맺는 일이다. 꼭 필요한 순간에는 그 힘을 빌리고, 그렇지 않은 순간에는 미소 지으며 내려놓는 것이다.

　우리가 정말로 해야 할 일은 완벽을 추구하는 것이 아니라, 불완전함을 받아들이는 것이다. 아이가 서툴게 그린 그림에도, 내가 완벽하지 못한 하루에도, 아직 완성되지 않은 나의 모습에도 따뜻하게 웃을 수 있다면 그걸로 충분하다.

　인생은 결코 완벽하지 않다. 그러나 그 불완전함 속에서 우리는 서로 기대고, 울고, 웃으며 살아간다. 흠이 있는 그릇이 더 오래 쓰이고, 금이 간 그릇이 금옻으로 이어져 더 단단해지듯, 우리의 상처와 실수도 결국 우리를 더 인간답게 만든다.

　이 책을 덮는 지금, 당신에게 한 가지 부탁하고 싶다. 오늘 하루만큼은 '대충' 살아보자. 조금 늦어도 괜찮고, 조금 서툴러도 괜찮다. 완벽하지 않아도 당신은 이미 충분히 소중하고 아름답다. 완벽이 아닌 불완전함 속에서, 우리는 진짜 나답게 숨 쉴 수 있다.
　그리고 언젠가 당신이 문득 깨닫게 될 것이다. 우리가 그토록 찾아 헤매던 완벽은 사실 처음부터 우리 안에 있었다는 것을.